wild und frisch

Tessin

Die schönsten
Badeplätze an Seen, Flüssen
und Wasserfällen

IWONA EBERLE

Fotos von Christoph Hurni

INHALT

AUSSICHT

- **9** Valle di Blenio – Motto (Blenio): hoch oben an der Dongia
- **10** Biasca: Cascate di Santa Petronilla, Hauptbecken und Balkonbecken
- **12** Osogna: Pozzon, oberes Becken
- **13** Osogna: Boggera, Balkonbecken

SANDSTRÄNDE

- **31** Bellinzona: Passerella di Galbisio
- **53** Pozzo di Tegna
- **92** Golino
- **98** Ascona: Lido
- **116** Porlezza (Italien): Spiaggia Porto Letizia

4

90

MIT KLEINEN KINDERN

- (23) Cabbiolo: Cascata La Monda
- (53) Pozzo di Tegna
- (99) Ascona: Bagno Pubblico
- (106) Maccagno (Italien): Spiaggia
- (116) Porlezza (Italien): Spiaggia Porto Letizia

Einsamer Bergsee im Naret-Gebiet

EINSAME ORTE

Würden hier bestimmte Badeplätze gesondert aufgeführt, wären sie bald nicht mehr einsam. Im Allgemeinen ziehen Badestellen, die aufwendiger zu erreichen sind, aber weniger Besucherinnen und Besucher an als solche mit einem Parkplatz daneben. Wer sich nicht nach Schulferien richten muss, besucht das Tessin am besten vor oder nach den Schulferien der grössten Deutschschweizer Kantone Zürich, Bern und Aargau und des Kantons Tessin, also vor Mitte Juli und nach Mitte August. Am allerbesten sucht man sich sein einsames Becken selbst. Dazu kann man die Bäche und Flüsse von einer Badestelle aus auf- oder abwärts erkunden. Oder man sucht die Luftbilder einer Region nach vielversprechenden Becken ab, zum Beispiel die Aufnahmen von Swisstopo (https://map.geo.admin.ch, unten rechts «Hintergrund» auswählen, oder App Swiss Map, unten rechts klicken > Karten (Landeskarten) > SWISSIMAGE) oder von Google Maps (www.google.ch/maps oder App Google Maps). Es macht Sinn, auch die Höhenkurven anzuschauen (möglich bei Swisstopo-Karten), denn das Gelände im Tessin ist vielerorts sehr steil. Zahlreiche schöne Becken sind darum nicht oder nur von einer Uferseite her zugänglich. Für Badestellen in Schluchten sind auch in Canyoningführern Hinweise zu finden (siehe S. 269, Lesetipps).

INSTAGRAM, FACEBOOK UND CO. – BITTE ETWAS ZURÜCKHALTUNG

In den sozialen Medien werden immer wieder Orte gehypt. Das hat auch im Tessin schon unerfreuliche Folgen gehabt, vor allem im Dorf Lavertezzo an der Verzasca (siehe 41, 42): Das Video eines italienischen Bloggers auf Facebook beschert dem engen Tal verstopfte Strassen, herumliegenden Abfall und hygienische Probleme mangels sanitärer Anlagen für die Menschenmassen. Etwas Zurückhaltung beim Teilen schöner Bilder und Videos ist deshalb angezeigt.

SPASS FÜR DIE GANZE FAMILIE

- 11 Iragna: Pozz Borgh
- 13 Osogna: Boggera
- 53 Pozzo di Tegna
- 75 Valle di Prato – Vigiadina
- 79 Berzona (Onsernone): oberhalb der Mühle

WARME FLUSSBECKEN

- 10 Biasca: Cascate di Santa Petronilla, Hauptbecken
- 52 Losone: Pozzo del Meriggio
- 53 Pozzo di Tegna
- 65 Riveo: Cascata delle Sponde
- 79 Berzona (Onsernone): oberhalb der Mühle

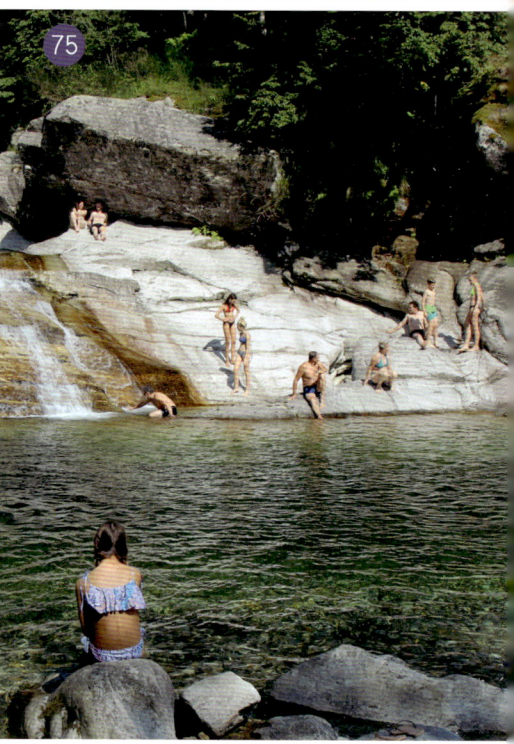

75

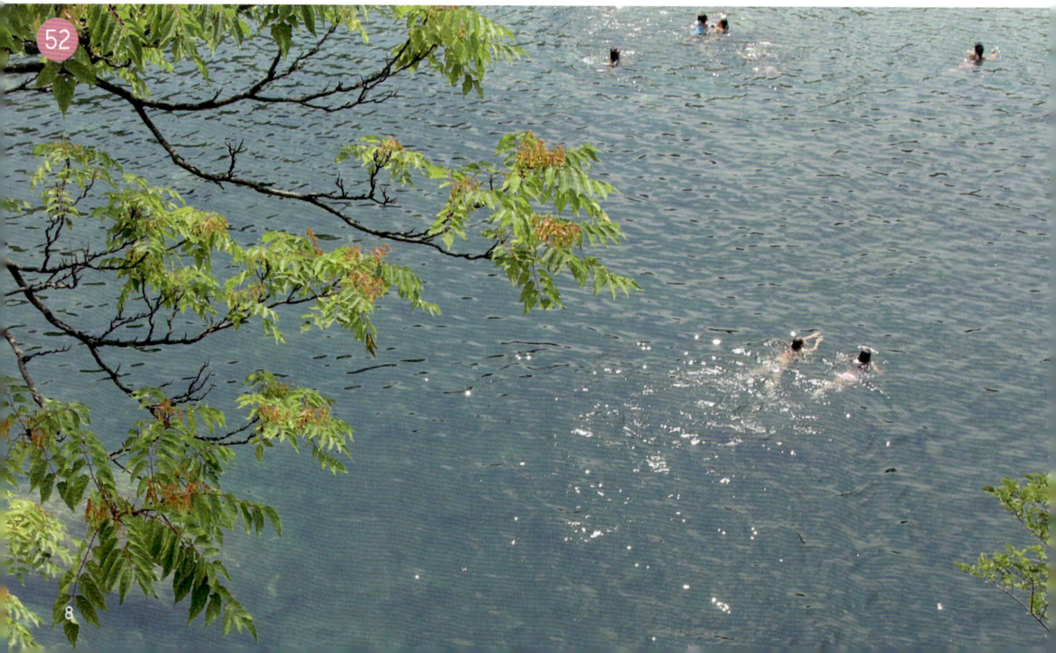
52

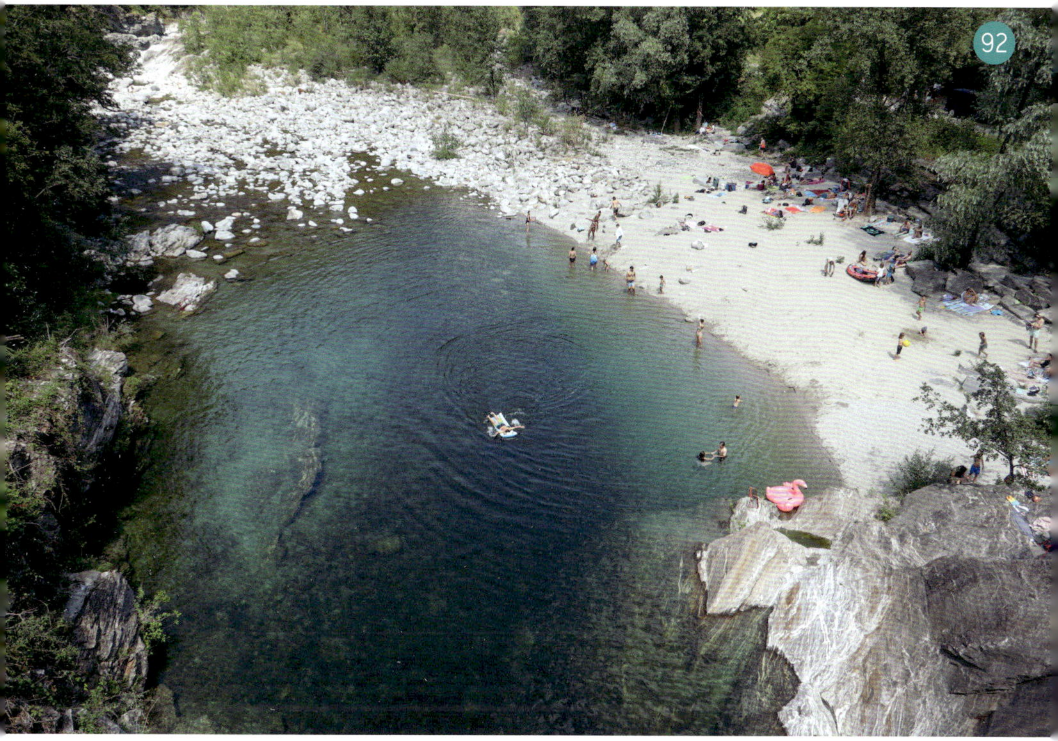

92

LANGE FLUSSBECKEN

WEITLÄUFIGE BADEPLÄTZE ZUM ERKUNDEN

41

4 Faido: Cascata Piumogna, siehe S. 21f.

Leventina
und Blenio

Piano, piano! Die Leventina bietet
viel zu viel, um sie raschmöglichst
hinter sich zu lassen. Schöne
Bergseen mit angenehmen
Temperaturen und einer der
eindrücklichsten Wasserfälle
des Tessins laden zum Verweilen.

Leventina und Blenio

1. Lago di Tom
2. Lago Tremorgio
3. Gola del Piottino: Ponte della Vicinanza
4. Faido: Cascata Piumogna
5. Valle d'Usedi
6. Biaschina
7. Valle di Blenio – Malvaglia: Ponte Leggiuna
8. Valle di Blenio – Motto: am Brenno
9. Valle di Blenio – Motto: hoch oben an der Dongia

Infos zur Region

Valle Leventina
Bellinzonese e Valli Turismo:
www.bellinzonaevalli.ch > Leventina
Tel. +41(0)91 869 15 33
ⓘ Airolo: am Bahnhof, ♀ 46.52764 8.60826
ⓘ Biasca: im Dorfkern neben Bank BPS,
♀ 46.36018 8.97116, ☒ Biasca, Municipio

Valle di Blenio
Bellinzonese e Valli Turismo:
www.bellinzonaevalli.ch > Valle di Blenio
Tel. +41(0)91 872 14 87

BADEN & WANDERN

Lago Ritom – Lago di Tom – Lago Cadagno – Lago Ritom (Rundtour),
2 h 20 min (7 km) ab Staumauer Ritom:

Vom Lago Ritom zum kleinen Tomsee 1 hochwandern, dann zum kalten Lago
Cadagno hinunter (♀ 46.55021 8.71174) und weiter zum Einfluss des Ritomsees,
wo man sich auf einem schönen Sandstrand ausstrecken kann (kein Schatten).
Das Baden im Stausee ist nicht gestattet. Achtung bei den Wasserfällen hinter
dem Strand wegen Hangrutschgefahr. Das Seeufer entlang geht's zurück zur
Staumauer. Der Weg am südlichen Ufer dauert 20 Minuten länger, ist aber ab-
wechslungsreicher, und man wandert im Schatten des Waldes.

BADEN & VELOFAHREN

Biasca – Personico – Biaschina – Faido (talaufwärts), 2 h 30 min (25 km):

Ab dem Bahnhof Biasca folgt man der nationalen Veloroute 3 (Nord-Süd-Route, markiert) das Leventinatal aufwärts bis nach einer Brücke über einen Bach
(5,5 km, ♀ 46.36561 8.92529). Wenn man von dort ein paar Schritte den Hang
hochgeht, dann einem nach links führenden Trampelpfad folgt, kommt man in
einem Felsendom mit einem hohen, schmalen Wasserfall (★). Nur 400 Meter
nördlich des Bachs, an der Veloroute, findet man im 🍴 Grotto Val d'Ambra (www.
grottovaldambra.ch, Tel. +41 (0)91 864 18 29) noch andere Erfrischungen. Weiter geht's nach Giornico, wo die Route an der bekannten romanischen Kirche
San Nicolao verbeiführt und man im 🍴 Grotto dei Due Ponti auf einer Ticinoinsel
(siehe 6, Tipp) einkehren kann. Um beim Badeplatz unter der Autobahnbrücke
Biaschina 6 in den Ticino zu springen, verlässt man in Giornico die Veloroute 3,
indem man der Strasse weiter auf der westlichen Flussseite talaufwärts folgt.
Zurück zur Veloroute 3 geht es über die Ticino-Brücke 500 Meter südlich des
Badeplatzes, dann hangaufwärts. Die Route führt über Fusnengo, wo man einen
Abstecher zur hübschen kleinen ★ Cascata da Froda (♀ 46.47090 8.82098) machen
kann, nach Faido mit dem riesigen Piumogna-Fall 4. Mit dem Zug fährt man
zurück nach Biasca.

Infos zur Route: www.schweizmobil.ch
Velomiete in Biasca bei Cicli Wittwer (www.cicliwittwer.ch, Tel. +41 (0)91 862 15 16)

BADEN & BUSFAHREN

Biasca – Airolo (talaufwärts), 2 Tage:

Die Becken von Santa Petronilla bei Biasca 10 besuchen und in Biasca übernachten. Am zweiten Tag mit einem Bus der Linie 191 Richtung «Airolo» (stündlich,
1 h 7 min Gesamtfahrzeit zum Endziel 🚉 Airolo, Stazione) zum Piumogna-Fall in
Faido 4 fahren. Von dort weiter nach Rodi und mit der Luftseilbahn zum Lago
Tremorgio 2 hoch. Ab Rodi mit dem Bus weiter nach Airolo.

1. Lago di Tom

Liegeflächen

Schwimmen

Wassertemp.

7.30–19.00 Uhr

Der kleine Tomsee auf rund 2000 Meter über Meer strahlt Ruhe aus. Er hat einen flach abfallenden, fast 100 Meter langen Sandstrand. Wenn es längere Zeit schön ist, wird das Wasser gegen 20 Grad warm.

Lago di Tom oberhalb des Ritom-Stausees

ÖV > 🚌 Piotta, Posta > 🚶 1 h 55 min

🚶 Dem Wanderwegweiser zur Standseilbahn Piotta–Ritom folgen (550 m) und mit dieser nach 🌿 Ritom hochfahren (Fahrplan: www.ritom.ch, Tel. +41 (0)91 868 31 51). 🚶 Der Wanderwegweisung «Lago Ritom» folgen. ▶️

🚗 > 🅿️ 46.53417 8.677300 > 🚶 1 h
A2-Ausfahrt «42-Quinto», nach Quinto fahren (ausgeschildert, 1,5 km). Rechts in die schmale Bergstrasse Richtung «Altanca» abbiegen. In Altanca rechts Richtung «Lago Ritom» abbiegen und der Strasse zur Staumauer folgen. Darüber steht das 🍴 Rifugio Lago Ritom (www.lagoritom. ch, Tel. +41 (0)91 868 14 24). 🚶 ▶️

▶️ Das nördliche Ufer des Ritomsees entlangwandern. Nach 1,3 km zum Lago di Tom hoch abzweigen.

🏊 46.55034 8.68936

Tipp

Lago Cadagno und Lago Ritom: siehe S. 14, ersten Kombitipp

Am Einfluss des Lago Ritom

2. Lago Tremorgio

Liegeflächen

Schwimmen

Wassertemp.

8.00–17.30 Uhr

Wer vor der Hitze der Leventina fliehen will, lässt sich am besten per Gondel zum Tremorgio-See auf rund 1800 Meter über Meer hochtragen. Es ist dort meist um fünf Grad kühler als im Talgrund. In 45 Minuten lässt sich der See zu Fuss umrunden, und etwa auf halbem Weg kommt man an einem wunderschönen Wasserfall vorbei.

Sicherheit: Dem Lago Tremorgio wird Wasser zum Turbinieren entnommen. Der Druckstollen mit Rechen beginnt am Seeufer unterhalb des Restaurants. Die zuständige Kraftwerksgesellschaft rät, das Schwimmen in einem Umkreis von 100 Metern wegen Soggefahr zu unterlassen.

Am Lago Tremorgio

ÖV > 🚏 Rodi, Posta > 🚶 10 min
🚶 Ein paar Schritte südwärts gehen und hangwärts zur Luftseilbahn Tremorgio abbiegen (ausgeschildert). ▷|

🚗 > 🅿 46.48984 8.73622 > 🚶 10 min
A2-Ausfahrt «42-Quinto», dann Wegweisung «Dalpe» nach Rodi-Fiesso folgen. Dort von der Hauptstrasse hangwärts abbiegen zur Luftseilbahn Tremorgio (ausgeschildert). 🚶 ▷|

▷| Nach 🚠 Tremorgio hochgondeln (Fahrplan: www.aet.ch/tremorgio, Tel. +41 (0)91 867 10 32). 🚶 Von dort sind es ein paar Schritte zur 🍴 Capanna Tremorgio (www.capannatremorgio.ch, Tel. +41 (0)91 867 12 52) und zum See.

≋ 46.47962 8.72042

Lago Tremorgio

3. Piottino: Ponte della Vicinanza

Liegeflächen

Schwimmen

Wassertemp.

11.00–16.00 Uhr

Unter der Brücke am Ausgang der Piottinoschlucht bildet der Fluss Ticino ein tiefes Becken. Auf ein paar grossen Steinblöcken kann man sich hinlegen.

Bei der Ponte della Vicinanza am Ausgang der Piottinoschlucht

- -

ÖV > 🚌 Osco, Piottino > 🚶 5 min

🚶 Der Strasse, die Richtung Fluss abzweigt, bis unmittelbar nach einer kleinen Brücke folgen. ▶️

🚗 > 🅿️ 46.49136 8.75972 > 🚶 3 min

Von Norden her: A2-Ausfahrt 42 «Quinto», dann Wegweisung «Bellinzona» für 3,5 km folgen bis zur o. g. Bushaltestelle, links abbiegen. (Bzw. von Süden her: A2-Ausfahrt 43 «Faido», dann Wegweisung «San Gottardo» für 6 km folgen bis zur beschilderten Abzweigung nach Osco, rechts abbiegen.) Bis über die Brücke fahren und parkieren. 🚶 ▶️

▶️ Über einen kurzen, rutschigen Trampelpfad ans Wasser hinuntergehen.

≈ 46.49120 8.75950

Tipp

Piottinoschlucht: Zum alten Zollhaus Dazio Grande (mit Museum und 🍴 **Ristorante Dazio Grande**, www.daziogrande.ch, Tel. +41 (0)91 874 60 60) in Rodi-Fiesso fahren (🚌 **Rodi, Dazio grande**, 🅿️ **46.48873 8.74729**). Es liegt 1,4 Kilometer talaufwärts vom Badeplatz bei der Ponte della Vicinanza. Ab Dazio Grande den Wanderweg zur «Gola del Piottino» nehmen. Er führt durch die knapp 1 Kilometer lange Schlucht, durch die der Ticino schiesst und sprudelt. Zum Baden ist sie nicht geeignet.

4. Faido: Cascata Piumogna

Liegeflächen

Schwimmen

Wassertemp.

8.00–17.00 Uhr

Der grandiose Fall der Piumogna ergiesst sich in ein karibisch türkisfarbenes Becken mit flach abfallendem Ufer. Die Umgebung des beliebten Ausflugsziels ist parkartig gestaltet. Am Weg zum Fall liegt ein grosser Kinderspielplatz.

Cascata Piumogna in Faido

ÖV > 🚏 Faido, Posta > 🚶 10 min
🚶 Den Wanderwegweisern «Cascate Piumogna» folgen.

🚗 > 🅿 46.47758 8.79840 > 🚶 5 min
Auf der Hauptstrasse durch Faido fahren bis zu einem Platz mit Statue. Abbiegen und zu den Parkplätzen gegenüber dem Supermarkt Coop hinunterfahren (200 m). 🚶 Ein paar Schritte geradeaus weitergehen, vorbei an einem kleinen Schloss mit wc und Spielplatz, dann links über die Brücke. Ein nach rechts abzweigender Weg führt zum Wasserfall.

≋ 46.47685 8.79554

Obere Becken / Alta Piumogna
(15 min über Piumogna-Schlussbecken)
60 Höhenmeter weiter oben findet man ein paar kleinere, ebenfalls türkis leuchtende Becken der Piumogna. Man erreicht sie über die Bergstrasse und, nach 300 Metern, einen nach rechts abzweigenden Wanderweg. Sie liegen unmittelbar oberhalb der kleinen Steinbrücke von Alta Piumogna.

Tipp

★ Cascata da Froda in Fusnengo: Der hübsche Wasserfall 2 Kilometer Luftlinie talabwärts von Faido lohnt einen Halt. Das seichte, schlammige Becken ist zum Baden ungeeignet, aber Kinder können im Bach spielen. 📍 46.47090 8.82098, 🚏 Chiggiogna, Paese, 🅿 46.47026 8.81928

5. Valle d'Usedi

Liegeflächen   Schwimmen   Wassertemp.   11.00–14.00 Uhr

Die Wasserfallbecken des Bachs Barougia liegen in der Schlucht Valle d'Usedi. Auf Felsplatten am Ufer kann man sich hinlegen.

ÖV > 🚌 Chironico, Grumo > 🚶 30 min

🚶 Der Strasse, die bei der Bushaltestelle talabwärts abzweigt, bis zur Brücke über einen Bach folgen (1,2 km). ▷

🚗 > P 46.40954 8.84867 > 🚶 5 min

A2-Ausfahrt «43-Faido», dann nach Lavorgo (ausgeschildert) und noch 900 m weiter bis zu einer nicht beschilderten Abzweigung über den Ticino. Abbiegen und die Bergstrasse hoch bis nach Chironico. Den Fluss überqueren und am Kirchhügel vorbei bis zur o. g. Bushaltestelle in Grumo. Der dort talabwärts abzweigenden Strasse rund 1 km südwärts folgen – das Fahrverbot gilt laut Auskunft der Gemeinde nur im Winter – bis zu einer Brücke über einen Bach. Parkmöglichkeiten unmittelbar danach am Strassenrand. 🚶 ▷

▷ Etwa 200 m nach der Brücke dem Wanderweg (nicht markiert) hangabwärts bis vor einen Steg folgen. Das Becken liegt unmittelbar oberhalb davon.

≈ 46.41025 8.85159

Schlucht Valle d'Usedi in der Nähe von Grumo

Tipp

Versteckter Wasserfall: Von der o. g. Brücke aus erreicht man bachaufwärts über das rechte Ufer und watend in 5 Minuten ein schattiges, aber schönes grösseres Wasserfallbecken der Barougia (Sonne ca. 15 – 16 Uhr).

< Cascata Piumogna

6. Biaschina

| Liegeflächen | Schwimmen | Wassertemp. | 9.00–16.30 Uhr |

Unter der 100 Meter hohen Biaschina-Autobahnbrücke (Viadotto della Biaschina) liegen unzählige Felsblöcke im Bett des Ticino. Hier findet jeder seine eigene kleine Insel mit Sommerflieder, Silberweiden und glitzerndem Sand. Zum Baden bietet sich das grössere Becken am linken Ufer unter der Brücke an ≈. Den Verkehr hört man kaum.

Am Ticino unter der Biaschina-Autobahnbrücke

Tipp

Giornico: Das hübsche Dorf liegt 2,5 Kilometer talabwärts von den Flussbecken unter der Biaschina-Autobahnbrücke. Seine Kirche San Nicolao oberhalb des rechten Ticinoufers gilt als das bedeutendste romanische Bauwerk des Tessins und eine der schönsten Kirchen der Schweiz, P 46.40009 8.87487. In Giornico steht auch das ¶ Grotto dei Due Ponti (www.grotto2ponti. ch, Tel. +41(0)91864 20 30), auf einer kleinen Insel im Ticino. 🚌 Giornico, Paese, daneben P 46.40268 8.87586, ab dort 1 Minute zu Fuss.

ÖV > 🚌 Giornico, Parondino > 🚶 5min

🚶 Der Nebenstrasse Via Longa in den Talgrund folgen. Nach der Brücke rechts halten und weitergehen bis zum Parkplatz nach der Unterführung (500 m). ▶️

🚗 > P 46.42038 8.85882 > 🚶 5min  Von Norden her: A2-Ausfahrt «43-Faido», dann nach Lavorgo (ausgeschildert) und 1 km weiter bis zur o. g. Bushaltestelle. (Bzw. von Süden her: A2-Ausfahrt «44-Biasca», dann nach Giornico und 1,5 km weiter bis zur o. g. Bushaltestelle.) In Richtung Fluss abbiegen und in den Talgrund fahren. Nach der Brücke rechts halten und weiterfahren bis zum Parkplatz nach der Unterführung. 🚶 ▶️

▶️ Auf dem Kiesweg ein paar Schritte flussaufwärts gehen, dann über einen Trampelpfad an den Ticino und quer durch sein Bett zum grösseren Becken am linken Ufer unter der Brücke.

≈ 46.42115 8.85737

7. Valle di Blenio – Malvaglia: Ponte Leggiuna

Liegeflächen

Schwimmen

Wassertemp.

13.00–19.00 Uhr

Das Felsentor, durch das man in die enge Schlucht der Leggiuna, das Val Pontirone, gelangt, wäre eine perfekte Kulisse für eine Szene aus «Herr der Ringe». Doch keine Angst: Wenn man hineinschwimmt oder mit dem Schlauchboot hineinpaddelt, warten keine Orks, sondern ein magisch wirkender kleiner Wasserfall.

Sicherheit: nicht unter den Wasserfall schwimmen wegen Gefahr von Walzen

- -

ÖV > 🚌 Malvaglia, Brugaio > 🚶 15 min
🚶 Dem Weg neben der Strasse 600 m südwärts bis zu einem Steg folgen. ▸|

🚗 > 🅿 46.38772 8.98627 > 🚶 3 min
Auf der Talstrasse im Valle di Blenio bis zur Brücke Ponte Leggiuna 4,5 km nördlich von Biasca fahren, wo man parkieren kann. 🚶 Die Strasse überqueren. ▸|

▸| Ins Bett der Leggiuna hinuntersteigen und ihr aufwärts folgen.

≈ 46.38790 8.98684

Wasserfall in der Schlucht

Am Schluchteingang oberhalb der Ponte Leggiuna

Tipp

Naturschutzgebiet Bolla di Loderio: Auf dem linksufrigen Uferweg erreicht man in 10 Minuten ab der Ponte Leggiuna das grosse, schöne Schwemmgebiet beim Zusammenfluss von Leggiuna und Brenno.

8. Valle di Blenio – Motto: am Brenno

Liegeflächen   Schwimmen   Wassertemp.   9.00–18.30 Uhr

An dieser Badestelle unterhalb Motto ist der Brenno etwas tiefer und gesäumt von einem 30 Meter langen, ruhigen Stein-/Sandstrand. Ein Kehrwasser trägt einen im Kreis herum.

Am Brenno bei Motto (Blenio)

ÖV > 🚌 Motto-Ludiano > 🚶 7 min
🚶 Ein paar Schritte talaufwärts gehen. ▸|

🚗 > 🅿 46.42796 8.97060 > 🚶 5 min
Ab Biasca Richtung «Lucomagno» halten und der Talstrasse des Valle di Blenio bis zum Parkplatz bei der Kirche von Motto (Blenio) folgen (weitere Parkplätze siehe 9). 🚶 ▸|

▸| Dem Feldweg gegenüber der Kirche bis zu einem Betonpoller folgen (240 m). Dem Trampelpfad ans Ufer hinunter folgen.

≈ 46.42625 8.97295

Tipp

Badestelle für Kleinkinder: 150 Meter flussaufwärts findet sich eine seichtere Stelle am Brenno mit einem Kiesstrand (📍 46.42699 8.97141). Er ist über denselben Feldweg und einen von ihm abgehenden Trampelpfad erreichbar.

9. Valle di Blenio – Motto: hoch oben an der Dongia

Liegeflächen

Schwimmen

Wassertemp.

8.30–17.30 Uhr

Auf einer sonnigen Felsterrasse über dem Bleniotal fliesst der Bach Dongia durch zwei hübsche kleine Becken. Sie werden gegen 20 Grad warm. Das obere Becken liegt unmittelbar oberhalb der kleinen Steinbrücke, und man kann noch in einen Felsschlitz hineinschwimmen. Das untere Becken ≋ liegt 20 Meter unterhalb der Brücke. Vom Talgrund weht etwas Verkehrslärm hoch.

Sicherheit: Auf plötzlichen Wasseranstieg achten und den Bach gegebenenfalls rasch verlassen. Der Badeplatz liegt unterhalb einer Wasserfassung, und in seltenen Fällen wird auch bei schönem Wetter Wasser abgelassen.

Dongia oberhalb Motto (Blenio)

ÖV > 🚏 Motto, Ludiano > 🚶 ⚠ 40 min, steil (200 hm)

Gegenüber der Kirche hangwärts von der Hauptstrasse abbiegen und zum Bach hochgehen (140 m). ▸ǀ

🚗 > 🅿 46.42906 8.97133 > 🚶 ⚠ 40 min, steil (200 hm)

Der Talstrasse des Valle di Blenio bis zur Brücke am nördlichen Ortsrand von Motto folgen. Hangwärts abbiegen und nach 100 m am Bach parkieren. 🚶 ▸ǀ

▸ Auf dem Wanderweg den Hang hochsteigen bis zu einer Wegkapelle. Auf den Trampelpfad abbiegen, der quer zum Hang verläuft, und ihm zu einer kleinen Steinbrücke folgen (250 m).

≋ 46.43085 8.97466

Tipp

Grotti von Ludiano: Im 🍴 **Grotto Milani** in Ludiano, 1,5 Kilometer südlich von Motto (Blenio), kann man auf einer Holzterrasse in der Krone einer Kastanie essen (www.facebook.com > Suchfeld: Grotto Milani da Michela, Tel. +41(0)91 870 21 97, für den Baumtisch Reservieren empfohlen, 🅿 46.42067 8.96853). Im 🍴 **Grotto Sprüch**, 450 Meter weiter südlich, sitzt man in einer Reblaube neben einem riesigen Felsen. Bei nicht allzu trockenem Wetter rauscht hinter dem Grotto ein Wasserfall (www.grottospruch.ch, Tel. +41(0)91 870 10 60, 🅿 46.41762 8.96915).

13 In der Boggeraschlucht bei Osogna, siehe S. 42f.

Riviera

Hier haben die Flüsse die schönsten steilen Schluchten des Tessins gegraben. Ein Wasserfallbecken ergiesst sich ins nächste. Als Gegensatz dazu findet man in dieser Region noch ein paar friedliche Flussstrände.

Leventina,
siehe S.11

TICINO

BIASCA 🔳 **10**

A2   ↗ 44
Biasca

Riviera

11
Iragna

12
Osogna

14   **13**
Lodrino

10. Biasca: Cascate di Santa Petronilla
11. Iragna: Pozz Borgh
12. Osogna: Pozzon
13. Osogna: Boggera
14. Lodrino: Pozz Cavai
15. Moleno
16. Preonzo: Laghetto di Mezzodolmo
17. Preonzo: am Ticino
18. Gnosca: Spiaggetta alla Passerella
19. Castione: an der Moësa

Cresciano

Prosito

Moleno
16
15 **17**
Preonzo

Claro

18
Gnosca   Castione

A2   ↗ 45
Bellinzona-Nord

19
29   Arbedo
30
31

Ticino

ⓘ 🔳 BELLINZONA

Piano di Magadino,
siehe S.71

Infos zur Region

Bellinzonese e Valli Turismo:
www.bellinzonaevalli.ch > Biasca e Riviera
Tel. +41(0)918623327
ⓘ Biasca: im Dorfkern neben Bank BPS,
📍 46.36018 8.97116, 🚌 Biasca, Municipio

BADEN & VELOFAHREN

Bellinzona – Biasca (talaufwärts, flach), 2 h 30 min (26 km):

Die nationale Veloroute 3 (Nord-Süd-Route, markiert) verläuft hier meist auf ruhigen Nebenstrassen und Velowegen. Mit kleinen Abstechern erreicht man die Badeplätze Bellinzona 31, 30 und 29, Castione 19, Preonzo 16 und 17, Moleno 15, Lodrino 14, Iragna 11 und Santa Petronilla oberhalb Biasca 10.

Velomiete in Bellinzona bei Rentabike (Tel. +41 (0)91 243 09 78) und Velospot, siehe auch S. 263, und in Biasca bei Cicli Wittwer (www.cicliwittwer.ch, Tel. +41 (0)91 862 15 16)

BADEN & BUSFAHREN

Von Badeplatz zu Badeplatz zu hüpfen, macht in der Riviera besonders viel Spass, weil ihre Badeplätze so unterschiedlich sind. Am entspanntesten reist man mit dem Bus.

Westliche Riviera, Biasca – Bellinzona (talabwärts), 1 Tag:

Das erste Ziel dieser Hop-on-hop-off-Bus-Badetour sind die Becken von Santa Petronilla bei Biasca 10. Wieder im Dorf unten fährt man ab 🚌 Biasca, Stazione mit der Linie 222 Richtung «Bellinzona» (stündlich, 46 min Gesamtfahrzeit bis Endziel 🚌 Bellinzona, Stazione). Unterwegs kann man bei einigen der folgenden Haltestellen aussteigen und ins Wasser springen: 🚌 Iragna, Ponte dei Ladri (siehe 11), 🚌 Lodrino, Paese (siehe 14), 🚌 Moleno (siehe 15), 🚌 Preonzo, Nord (siehe 16 und 17), 🚌 Gnosca, Centro (siehe 18), 🚌 Gorduno, Alla Rivetta (siehe 30, dem rechten Bachufer 400 m durch den Wald zu einem Parkplatz folgen, dann noch ein paar Schritte durch den Wald) und 🚌 Bellinzona, Bivio Galbisio (siehe 31, der Strasse 150 m talabwärts folgen, dann siehe Wegbeschreibung ab 🅿). In Bellinzona lohnt die schöne Altstadt mit ihren drei Burgen einen Besuch (siehe auch 31, Tipp).

Östliche Riviera, Bellinzona – Biasca (talaufwärts), 1 bis 2 Tage:

Eine andere schöne Bus-Badetour. Man reist nach Bellinzona (siehe auch 31, Tipp) und erkundet die Stadt. Dann steigt man bei 🚌 Bellinzona, Stazione in einen Bus der Linie 221 Richtung «Airolo» (stündlich, 34 min Gesamtfahrzeit bis Endziel 🚌 Biasca, Stazione). Die Fahrt kann man bei einigen der folgenden Haltestellen für Badespass unterbrechen: 🚌 Arbedo, Molinazzo (siehe 29 und 30), 🚌 Castione, Stazione (siehe 19), 🚌 Cresciano, Stazione (siehe 13), 🚌 Osogna, Paese (siehe 12) und 🚌 Biasca, Stazione (siehe 10). Zum Übernachten bietet sich Cresciano an (siehe 13, Tipp).

Mit derselben Buslinie kann man die Badereise das Leventinatal hoch fortsetzen mit Stopps bei 🚌 Giornico, Parondino (siehe 6) und 🚌 Chiggiogna, Paese (siehe 4, Tipp), weitere Stationen siehe S. 14, zweiten Kombitipp.

10. Biasca: Cascate di Santa Petronilla

Liegeflächen

Schwimmen

Wassertemp.

10.30–19.30 Uhr

Die öffentlichen Badewannen von Biasca – sieben Becken hat der Bach Ri della Froda oberhalb des Bahnhofs aus dem Felsen gewaschen. In sommerlich heissen Zeiten wird das Wasser behagliche 22 Grad warm. Über den Wasserfall, der sich ins grösste Becken (Hauptbecken, ≋) ergiesst, spannt sich eine alte Steinbrücke. Daneben steht eine Kapelle zu Ehren der heiligen Petronilla, einer frühchristlichen Märtyrerin.

Riviera

Hauptbecken der Cascate di Santa Petronilla oberhalb Biasca

Kapellenbecken

Verteilt auf 240 Höhenmeter oberhalb des Hauptbeckens liegen sechs weitere Becken des Ri della Froda:

Kapellenbecken
(5 min über Hauptbecken)
Beliebtes Wasserfallbecken mit Felsplatten auf der Höhe der Kapelle. Der Bachabschnitt darunter eignet sich gut für Kinder zum Spielen. Man geht bis zur Steinbrücke hoch und dann ein paar Schritte flussaufwärts.

Wasserleitungsbecken
(15 min über Hauptbecken)
Wasserfallbecken mit einer historischen Holzwasserleitung zwischen hohen Felsen. Man folgt dem linksufrigen Bergweg, der bei der Kapelle beginnt. Sobald man einen hohen, schmalen Wasserfall sieht, biegt man auf einen Trampelpfad ab.

Balkonbecken
(25 min über Hauptbecken)
Kleines Becken an der Hangkante mit Blick über das Rivieratal. Man kann noch zu zwei dahinterliegenden Becken mit einem etwa 6 Meter hohen Wasserfall steigen. Vom linksufrigen Bergweg hält man dort, wo er sich verzweigt, in Richtung Bach.

Wasserleitungsbecken

Balkonbecken >

Kletterbecken
(⚠ 35 min über Hauptbecken)

Tiefes, schattiges Wasserfallbecken mit Felsplatten am Rand. Bei einer Biegung des Bergwegs mit einer etwa 1,5 Meter hohen Felsplatte mit rot-weisser Bergwegmarkierung geht man weiter geradeaus. Dann steigt man zur Felskante mit einem markanten Baum mit zwei Stämmen hinunter und von dort weiter ans Becken.

Grünes Becken
(45 min über Hauptbecken)

Kleines Becken mit einem Wasserfall und flachen Felsen am Rand. Man folgt dem Bergweg etwa 20 Minuten den Hang hoch. Am Fuss eines etwa 5 Meter hohen, 15 Meter breiten Felsbrockens nimmt man den nach links abwärts abzweigenden Trampelpfad zum Bach.

Grande Cascata
(1 h 15 min über Hauptbecken)

Stiebender, 100 Meter hoher Wasserfall mit oberschenkeltiefem Becken und einigen Liegeflächen auf Felsen. Man folgt dem Bergweg bis zur Rechtsbiegung nach dem o. g. Felsbrocken (siehe «Grünes Becken»), von wo man den Wasserfall schon sieht. Eine Wegspur führt zum Becken.

- -

ÖV > 🚆 Biasca > 🚶 30 min

🚶 Nordwärts gehen bis zum Supermarkt Coop. Die Brücke über die Bahngeleise nehmen und der Strasse bis zu einem Treppenweg folgen (500 m). Den Hang hochgehen und vor der Steinbrücke weglos zum Becken hinabsteigen.

🚗 > 🅿 46.36132 8.97158 > 🚶 20 min
A2-Ausfahrt «44-Biasca», dann Wegweisung «Biasca» folgen bis zum Kreisverkehr beim grossen Parkplatz (2 km). Diesen geradeaus Richtung Kirche verlassen (ausgeschildert). Vor der Bank BPS links abbiegen und bis zum Gemeindehaus mit Parkplätzen dahinter fahren (120 m). 🚶 Dem Velo-Wegweiser zur Kirche Chiesa San Carlo di Borromeo folgen (150 m), dann dem Kreuzweg.

🏊 46.35288 8.97662

Tipps

Farbenfrohe Fresken: Ein paar Schritte oberhalb des u. g. Kreuzwegs steht die romanische Kirche der Heiligen Peter und Paul (Chiesa dei Santi Pietro e Paolo) mit bunten Wand- und Deckenbildern aus dem 13. bis 17. Jahrhundert.

Grotto-Paradies: Am Hangfuss 2 Kilometer nördlich vom Bahnhof Biasca liegt im Schatten von Bäumen die Ausgehmeile von Biasca: 🍽 **Grotto Pini** (www.igrot.ch > Suchfeld: Pini, Tel. +41 (0)91 862 12 21), 🍽 **Grotto Lino** (www.igrot.ch > Suchfeld: Lino, Tel. +41 (0)91 862 45 47), 🍽 **Grotto del Mulo** (Tel. +41 (0)91 862 27 45) und das 🍽 **Grotto Petronilla** (www.igrot.ch > Suchfeld: Petronilla, Tel. +41 (0)91 862 39 29). Ab Bahnhof Biasca der Hauptstrasse 1,6 Kilometer nordwärts folgen, dann rechts zu den Grotti abbiegen (ausgeschildert), 🅿 **46.36639 8.97488**. Zu Fuss dem Kreuzweg zur o. g. Kirche folgen, dann dem Wanderweg (25 min). Ab 🚆 **Biasca, Grotti** fährt man direkt zum Bahnhof zurück.

Grande Cascata

11. Iragna: Pozz Borgh

Liegeflächen

Schwimmen

Wassertemp.

10.00–18.00 Uhr

Am Dorf-Badebecken des Riale d'Iragna ist meist viel los. Die vom Bach durchflossene zerklüftete Schlucht ist auch bei Canyonistinnen und Canyonisten beliebt. Immer wieder tauchen Gruppen von Neoprenanzug-Trägern im Felsschlitz auf. Es hat zwei natürliche Rutschen, und man kann springen. Am Beckenrand liegt man auf Steinquadern. Hunde sind nicht erlaubt.

Pozz Borgh in Iragna

Versteckter Wasserfall

Auf 90 Höhenmetern oberhalb des Beckens im Dorf sind noch drei weitere schöne Becken des Riale d'Iragna gut zugänglich:

Versteckter Wasserfall
(⚠ 10 min über Pozz Borgh)

Kleines, tiefes, von Felsen umschlossenes Becken. Der Kanal des Wasserfalls sieht aus wie von Designern entworfen. Man folgt dem Trampelpfad am rechtsufrigen Hang etwa 80 Meter aufwärts. Dann quert man felsiges Gelände in Richtung Bach und folgt dem Rauschen des Wasserfalls. Mithilfe eines Fixseils kann man zum Beckenrand hinuntersteigen.

- -

ÖV > 🚍 Iragna, Ponte dei Ladri > 🚶 5 min
🚶 ▶|

🚗 > 🅿 46.32779 8.96845 > 🚶 3 min
A2-Ausfahrt «44-Biasca», dann Wegweisung «Bellinzona» folgend auf die westliche Talstrasse und bis zur o. g. Bushaltestelle fahren. Am Bach daneben parkieren. 🚶 ▶|

▶ Dem Bach aufwärts folgen bis zum Becken (300 m), vorbei an der 🍴 Osteria al Pozz und 🚾.

≋ 46.32923 8.96559

Becken bei der Steinbrücke
(10 min über Pozz Borgh)

Badestelle unter einer kleinen alten Steinbrücke mit grossen Steinliegeflächen am Rand. Man kann noch ein bisschen in die Schlucht hineinschwimmen. Auf dem rechtsufrigen Trampelpfad geht man bis zur kleinen Brücke hoch, überquert sie und steigt über die Steine zum Becken hinunter.

Becken bei der Steinbrücke

Grosser Wasserfall
(⚠ 30 min über Pozz Borgh)

Etwa 40 Meter hoher Wasserfall mit mehreren kleinen, tiefen Becken und flachen Felsen am Rand. Ab der Steinbrücke (siehe S. 38) den Bergwegmarkierungen hangaufwärts folgen bis zu einer Biegung, wo der Weg frontal auf ein kniehohes Mäuerchen zuführt (100 m). Dort sticht man über ein Felsband in den Wald und folgt der Wegspur. Am Schluss kraxelt man noch ein paar Felsen hinunter.

Grosser Wasserfall

Unterhalb des grossen Wasserfalls

Der Pozzon von Osogna

12. Osogna: Pozzon

| Liegeflächen | Schwimmen | Wassertemp. | 10.00–16.30 Uhr |

Am Rand des malerischen Dorfes Osogna fällt die Nala aus ihrer steilen, engen Schlucht in ein Becken im Talboden. Hier tummelt sich viel Volk: Kinder spielen am Bach, Jugendliche klettern die Felsen hoch und springen, Neugierige sitzen auf grossen Felsblöcken und sehen zu. Über dem linken Ufer, versteckt unter Bäumen, bietet ein kleines Grotto Speis und Trank.

> **Tipp**
>
> Polenta am Pozzo: Im ⑪ Grotto al Pozzon (www.igrot.ch > Suchfeld: Pozzon, Tel. +41(0)76 203 84 41) wird einmal wöchentlich abends der typische Tessiner Maisbrei aufgetischt.

ÖV > 🚌 Osogna, Paese > 🚶 10 min

🚶 Richtung Hangfuss gehen bis zur Brücke in Osogna. ▶️

🚗 > 🅿️ 46.31065 8.98635 > 🚶 5 min
Von Norden her: A2-Ausfahrt «44-Biasca», dann Wegweisung «Biasca» folgen bis zum zweiten Kreisverkehr, ab dort «Osogna». (Bzw. von Süden her: A2-Ausfahrt «45-Bellinzona-Nord», dann Wegweisung «San Gottardo» folgend auf die östliche Talstrasse und bis zur Abzweigung nach Osogna fahren, dann nach Osogna.) Hinter dem modernen Gebäude (Schule) linker Hand parkieren. 🚶 ▶️

▶️ Über den gepflasterten Dorfplatz hangwärts gehen. Ab der Kirche rechts halten und dem Rauschen folgen.

≈ 46.31360 8.98841

Verteilt auf 130 Höhenmeter oberhalb
des Beckens im Dorf findet man drei weitere
Badestellen an der Nala:

Oberes Becken
(10 min über Pozzon)

Grosses Becken mit einem etwa 12 Meter hohen Wasserfall und einem rundgeschliffenen
Felsrand mit wenigen Liegeflächen. Ein paar
Schritte nach der Dorfkirche dem Bergweg den
Rebberg hoch folgen bis kurz vor einen Bildstock, dann den Trampelpfad nehmen, der dort
nach rechts abzweigt.

Drei Becken
(20 min über Pozzon)

Drei kleine Becken hintereinander mit einigen
Liegeflächen. Den o. g. Bergweg nehmen und
dem zweiten nach rechts abzweigenden Trampelpfad folgen.

Planschbecken
(⚠ 30 min über Pozzon)

Seichtes Becken mit Felsplatten am Rand. Dem
o. g. Bergweg bis zu einer Markierung mit
blauem Pfeilsymbol folgen. Auf den Trampelpfad abbiegen. Er ist teilweise ausgesetzt, man
kann sich aber an einem Fixseil festhalten. Am
Schluss steigt man noch eine kleine Leiter hoch.

Das obere Becken

13. Osogna: Boggera

Liegeflächen   Schwimmen   Wassertemp.   10.00–18.30 Uhr

In der sonnigen Schlucht des Bachs Boggera liegt ein Becken über dem nächsten, und eines ist schöner als das andere. Am Hauptbecken ≋ mit den vielen abgeschliffenen Felsen zum Sitzen und Liegen ist meist viel los. Die anderen Becken sind ruhiger, wobei viele Canyonistinnen und Canyonisten die Wasserfälle herunterspringen. Nackte ältere Männer sind kein Grund zur Sorge: In der Boggeraschlucht hat FKK Tradition.

ÖV > 🚉 Cresciano, Stazione > 🚶 30 min

🚶 Nordwärts gehen bis zu einem Bachbett (150 m) und in dieses hinabsteigen. Darin Strasse, Bahnlinie und Steinmauer unterqueren. Auf dem Kiesweg den Waldrand entlanggehen bis zu einem Kiesparkplatz rechter Hand (300 m). ▸|

🚗 > 🅿 46.30528 8.99129 > 🚶 15 min
A2-Ausfahrt «44-Biasca», dann Wegweisung «Biasca» bis zum zweiten Kreisverkehr folgen, ab dort Wegweisung «Bellinzona» bis zur (unauffälligen) Bahnunterführung (Via Toron d'Örz) nach der Abzweigung nach Osogna. (Bzw. von Süden her: A2-Ausfahrt «45-Bellinzona-Nord», dann Wegweisung «San Gottardo» folgend auf die östliche Talstrasse und bis zur o. g. Bahnunterführung nördlich von Cresciano fahren.) Die Unterführung nehmen und unmittelbar danach links in der Wiese parkieren (weitere Parkplätze beim Schulhaus von Osogna, 1,2 km nördlich, siehe 12, ab dort 30 min zu Fuss zum Hauptbecken ≋, in Osogna der Strasse 1 km südwärts folgen). 🚶 Auf der Strasse südwärts gehen bis zu einem Kiesparkplatz (200 m). ▸|

▸| Dem Weg den Hang hoch folgen bis zu einer kleinen Mauer. Um sie herum und hangwärts zum Hauptbecken gehen.

≋ 46.30109 8.99552

Vom Hauptbecken aus erreicht man sechs weitere Becken, die über 170 Höhenmeter verteilt sind:

Felsmannli-Becken

Felsmannli-Becken
(5 min unter Hauptbecken)

Kleines Wasserfallbecken zwischen hohen Felsen, die an einer Stelle wie das Gesicht eines Zwergs wirken. Einige Liegeflächen. Den Weg, der vom Talgrund zum Hauptbecken hochführt, auf der Höhe eines kleinen Hauses südwärts verlassen und den Hang queren (150 m).

Balkonbecken
(⚠ 5 min unter Hauptbecken)

Kleines Wasserfallbecken an der Hangkante, siehe Foto auf S. 28f. Ab dem Hauptbecken einem linksufrigen Trampelpfad durch Bäume hangabwärts folgen.

Hauptbecken der Boggeraschlucht

Becken im Wald

Doppelrutsche-Becken
(5 min über Hauptbecken)

Kleines Becken mit zwei etwa 4 Meter langen Rutschen, eine trocken, die andere überspült. Zugang über den linksufrigen Trampelpfad, siehe Foto auf S. 44.

Becken im Wald
(5 min über Hauptbecken)

Wasserfallbecken mit kleinem Kiesstrand. Zugang über den linksufrigen Trampelpfad.

Tipp

Spaziergang zum Grillbuffet: Vom Becken im Wald (siehe oben) erreicht man auf dem Wanderweg, der quer zum Hang südwärts durch den Wald führt, das Dorf Cresciano (1h). Dort kann man im bei Canyonisten und Boulderinnen beliebten ⊮ Ostello Cresciano einkehren (www.ostello-cresciano.com, Tel. +41(0)91 880 69 69, P 46.28118 9.00466). Einmal wöchentlich wird abends im Garten eine Grigliata veranstaltet.

Bunker-Becken
(10 min über Hauptbecken)

Schattiges Waldbecken mit einem hohen, schmalen Wasserfall. Im Felsen daneben sieht man den Eingang zu einem Bunker der militärischen Sperrstelle Lodrino–Osogna. Das Becken eignet sich zum Schwimmen, und es sind Liegeflächen vorhanden. Zugang ab dem «Becken im Wald» (siehe S. 43) über den rechtsufrigen Trampelpfad.

Oberstes Becken
(15 min über Hauptbecken)

Waldbecken in einer Felsenarena. Unmittelbar darunter liegt noch ein kleines, tiefes Becken, das sich zum Springen eignet. Zugang ab dem «Becken im Wald» (siehe S. 43) über den rechtsufrigen Trampelpfad.

Oberstes Becken

14. Lodrino: Pozz Cavai

 Liegeflächen  Schwimmen  Wassertemp.  8.30–14.00 Uhr

Das etwas wellige Schlussbecken des Riale di Lodrino liegt in einer eindrücklichen Felsenkathedrale. In ihrer Kuppel erscheinen immer wieder Canyonistinnen und Canyonisten, denn das Val di Lodrino zählt zu ihren liebsten Tessiner Schluchten. Am kleinen Kiesstrand einige Schritte unterhalb des Pozz Cavai kann man sich sonnen.

- -

ÖV > 🚌 Lodrino, Paese > 🚶 ⚠ 5 min

🚶 Den Wanderwegweisern zum Supermarkt Denner folgen, dann dem Rauschen des Wasserfalls. Um ins Becken einzusteigen, muss man sich auf einen hohen Stein stemmen, was mit etwas Entschlossenheit aber gelingt.

- -

🚗 > 🅿 46.29992 8.98459 > 🚶 ⚠ 10 min

A2-Ausfahrt «44-Biasca», dann Wegweisung «Bellinzona» folgend auf die westliche Talstrasse und bis zur Post von Lodrino fahren. In Richtung andere Talseite abbiegen und bis zur Verzweigung fahren (340 m). Links abbiegen und der Strasse zum Parkplatz folgen (120 m). 🚶 Auf derselben Strasse weitergehen und die Brücke über den Bach überqueren. Im Dorf bachaufwärts halten bis zum Schluchteingang.

≋ 46.30054 8.97705

< Doppelrutsche-Becken

Pozz Cavai bei Lodrino

Tipps

Wärmer baden: Beim Fussgänger-/Velosteg 500 Meter bachabwärts vom Pozz Cavai findet man im kanalisierten Bach ein ganztags sonniges und oft um zwei Grad wärmeres Becken (📍 46.30158 8.98342).

Grotti unter Felsen: 🍴 **Grotto Sacchi**, Lodrino (Tel. +41(0)79 871 31 44, 🅿 46.30451 8.97577), mit Terrasse unter Bäumen, 7 Gehminuten auf einem Waldweg nordwärts. Nur ein paar Schritte davon entfernt liegt das 🍴 **Grotto Pippo** (Tel. +41(0)91 863 38 96). Es ist etwas weniger lauschig, hat aber einen Kinderspielplatz.

15. Moleno

Liegeflächen

Schwimmen

Wassertemp.

14.00–16.00 Uhr

Willkommen im Zauberland. Dieses Becken des Riale di Moleno liegt in einer Schlucht unter überhängenden Felsen und leuchtet türkis. Der hohe rundgeschliffene Rand sieht aus, als hätte ein Steinmetz Hand angelegt. Am Schluchteingang liegt ein kleines Badebecken, das schon ab dem Mittag sonnig ist.

Becken am Schluchteingang

- -

ÖV > 🚌 Moleno > 🚶 ⚠ 10 min
🚶 ▶ı

🚗 > 🅿 46.26849 8.99448 > 🚶 ⚠ 10 min
Von Norden her: A2-Ausfahrt «44-Biasca», dann Wegweisung «Bellinzona» folgend auf die westliche Talstrasse (bzw. von Süden her der westlichen Talstrasse folgen). Bis zum Parkplatz bei der Kirche von Moleno fahren. 🚶 ▶ı

▶ Durch das Dorf in Richtung Einschnitt in der Bergflanke gehen, wo die Schlucht beginnt. Am Ende der Mauer ins Bachbett hinuntersteigen, dann mithilfe der Fixseile tiefer in die Schlucht hinein (einige Meter ausgesetzt).

≈ 46.26581 8.99242

Becken in der Schlucht bei Moleno

Badebecken des Riale di Moleno

16. Preonzo: Laghetto di Mezzodolmo

Liegeflächen   Schwimmen   Wassertemp.   9.00–18.30 Uhr

Der 200 Meter lange Weiher wurde angelegt, damit die Löschhelikopter bei Waldbränden Wasser daraus aufnehmen können. Es ist etwas trüb, wird aber über 22 Grad warm.

Am Löschwasserweiher von Preonzo

ÖV > 🚌 Preonzo, Nord > 🚶 25 min

🚶 Ein paar Schritte bis zur Talstrasse gehen und dieser nordwärts zur Brücke folgen (170 m). Auf die Strasse am Bach abbiegen und ihr bzw. später einem Kiesweg 1,4 km folgen. Am Ende des Kieswegs ein paar Schritte zum Weiher hinübergehen.

🚗 > 🅿 46.26750 9.01082 > 🚶 1 min

Von Norden her: A2-Ausfahrt «44-Biasca», dann Wegweisung «Bellinzona» folgend auf die westliche Talstrasse fahren (bzw. von Süden her die westliche Talstrasse nehmen.) Bis zur Kirche in Preonzo fahren. In Richtung andere Talseite abbiegen und der Strasse bis an ihr Ende auf der anderen Seite der Autobahn folgen (800 m). Links abbiegen und bis zum Parkplatz bei der Abfallsammelstelle fahren (100 m, weitere Parkplätze geradeaus unter der Autobahnbrücke, 🅿 46.27048 9.00173). 🚶 Ein kurzer Weg führt zum Weiher.

≈ 46.26912 9.01143

17. Preonzo: am Ticino

| Liegeflächen | Schwimmen | Wassertemp. | 8.30–18.00 Uhr |

Hier hat man seine Ruhe, nur zweimal stündlich fährt am anderen Ufer ein Zug vorüber. Der Sandstrand ist 40 Meter lang. Unter Bäumen findet man Schatten. Weil der Ticino an dieser Stelle bis in die Mitte seicht ist, eignet sich der Ort allerdings besser zum Planschen als zum Schwimmen. Party lässt sich hier auch gut machen. Darum liegt manchmal etwas Abfall herum.

Ticino-Strand bei Preonzo

ÖV > 🚏 Preonzo, Nord > 🚶 25 min

🚶 Ein paar Schritte bis zur Hauptstrasse gehen und nordwärts bis zur Brücke (160 m). Auf die Strasse am Bach abbiegen und ihr bis zum Parkplatz unter der Autobahnbrücke folgen. ▸ι

🚗 > 🅿 46.27026 9.00168 > 🚶 15 min
Von Norden her: A2-Ausfahrt «44-Biasca», dann der Wegweisung «Bellinzona» folgend auf die westliche Talstrasse fahren. (Bzw. von Süden her die westliche Talstrasse nehmen.) Bis zur nördlichen Ortstafel von Preonzo fahren. Auf die Strasse am Bach abbiegen und ihr bis zum Parkplatz unter der Autobahnbrücke folgen. 🚶 ▸ι

▸ι Dem Kiesweg knapp 1 km folgen, dann noch 200 m einem Trampelpfad.

≈ 46.26814 9.01344

Riviera

Tipp

Sprung in warmes Wasser: In nur 5 Gehminuten erreicht man den Löschwasserweiher von Preonzo 16. Dazu am Ende des o.g. Kieswegs rechts abbiegen und durch eine Lichtung 50 Meter zum Weiher hinübergehen.

18. Gnosca: Spiaggetta alla Passerella

| Liegeflächen | Schwimmen | Wassertemp. | 8.30–19.00 Uhr |

Der weitläufige, breite Steinstrand liegt in einer Biegung des Flusses Tessin. Flussaufwärts sieht man den filigranen weissen Hängesteg Claro–Gnosca. Von dort kann man sich bis zum südlichen Ende des Strands hinuntertreiben lassen – leider begleitet von leichtem Lärm der nahen Autobahn.

Gut dabeizuhaben: Wer am Wasser und doch nicht in der prallen Sonne sitzen möchte, muss selber einen Schattenspender mitnehmen.

Der Strand beim Hängesteg Claro–Gnosca

- -

ÖV > 🚌 Gnosca, Centro > 🚶 15 min

🚶 Der Hauptstrasse 120 m nordwärts folgen. Beim Fussballplatz-Wegweiser (Piktogramm) in Richtung andere Talseite abbiegen und geradeaus halten bis nach der Autobahnunterführung. ▶️

- -

🚗 > 🅿️ 46.23509 9.03036 > 🚶 3 min

A2-Ausfahrt «45-Bellinzona-Nord», dann Wegweisung «San Bernardino» bis zum Kreisverkehr von Arbedo folgen. Richtung «Gorduno» halten und auf der westlichen Talstrasse bis nach Gnosca fahren. Beim Fussballplatz-Wegweiser (Piktogramm) in Richtung andere Talseite abbiegen und geradeaus halten bis zum Parkplatz nach der Autobahnunterführung. 🚶 ▶️

▶️ Dem Waldweg, der weiter geradeaus führt, zum Strand folgen.

≈ 46.23480 9.03310

19. Castione: an der Moësa

Liegeflächen

Schwimmen

Wassertemp.

8.00–19.30 Uhr

Ein vielbesuchter, 280 Meter langer Sand-/Kiesstrand an der Moësa, über den sich drei Brücken spannen – eine für Autos, eine für Züge und eine für Fussgänger und Velos. Der leichte Verkehrslärm geht im Rauschen des Flusses unter. Auengehölz und die Autobahnbrücke bieten Schatten. Der Ort ist bei Familien beliebt, weil der Fluss bis in die Mitte seicht ist.

An der Moësa bei Castione

ÖV > 🚆 Castione-Arbedo > 🚶 10 min
🚶 400 m südwärts gehen. ▶|

🚗 > 🅿 46.22319 9.04177 > 🚶 5 min
Von Norden her: A2-Ausfahrt «45-Bellinzona-Nord», beim Lichtsignal Richtung «San Gottardo» halten und geradeaus weiterfahren bis zum Kreisverkehr von Castione. (Bzw. von Süden her auf der östlichen Talstrasse bis zum Kreisverkehr von Castione fahren.) Ausfahrt in Richtung Bahnhof nehmen, dort parkieren. 🚶 ▶|

|▶ Die Autobahnbrücke unterqueren und am Fussballplatz vorbei zur Velo-/Fussgängerbrücke spazieren. Eine Treppe führt ans Ufer der Moësa hinunter.

≈ 46.21976 9.04395

20 Lago Dosso bei San Bernardino, siehe S. 59

Moesano

Im Misox und im Calancatal kann man in einen warmen Moorsee springen, unter hohen Wasserfällen planschen und in kleinen Schluchten baden. Die Täler liegen im italienischsprachigen Teil des Kantons Graubünden auf der Alpensüdseite.

Moesano

Infos zur Region

Valle Mesolcina (Misox)
Ente Turistico Regionale del Moesano:
www.visitmoesano.ch
Tel. +41(0)91 832 12 14
(i) San Bernardino: an der Hauptstrasse,
📍 46.46105 9.19297, 🚏 S. Bernardino, Posta

Val Calanca
Fondazione Calanca delle Esploratrici:
www.calancatal.ch
Tel. +41(0)91 828 13 22

N   0   5 km

Passo del San Bernadino

(i) San Bernardino

20 Lago Dosso

Lago d'Isola

A13

21

Pian San Giacomo

A13   ↗ 34
Pian San Giacomo

22   Cebbia

28   Valbella

A13   ↗ 35
Mesocco-Nord

Mesocco

A13   ↗ 36
Mesocco-Sud

27   Rossa

Soazza

Augio

Cascata del Frott, siehe S.68

Cauco

Cascata della Boffalora, siehe S.63

Cabbiolo

23

A13   ↗ 37
Lostallo

Lostallo

Cascada de Bogiasch, siehe S.58

24   Sorte

Cama

Norantola

Grono

A13   ↗ 37a
Grono-Nord

25

26   A13   ↗ 38
Roveredo

Roveredo

Riviera, siehe S. 29

Lumino

Moesa

A2

Ticino

A2   ↗ 45
Bellinzona-Nord

19

29

30

31

🚞 BELLINZONA

Piano di Magadino, siehe S. 71

Mesolcina

Val Calanca

Calancasca

Moesa

Valle

BADEN & WANDERN

Lostallo – Cama (talabwärts), 2 h (6 km):
In Lostallo (🚏 Lostallo, Posta) im 🍴 Grotto de Ritz (siehe 23, Tipp) einen Espresso trinken, dann den Weitwanderweg Via San Bernardino nehmen (Route 773, markiert). Er führt in einen Wald mit Felsblöcken eines Felssturzes, dann durch den Auenwald an der Moësa nach Sorte mit etwas Rauschen von der Autobahn am gegenüberliegenden Ufer. Dort überquert man die Moësa und erreicht den lauschigen Badeplatz unterhalb Sorte 24. Weiter geht's zur Burgruine von Norantola (Castello di Norantola), dann über die Moësa und durch den Kastanienwald zu den Grotti von Cama. In zwei der 46 ehemaligen Felsenkeller im Wald (mit Themenweg: www.grottidicama.ch) kann man einkehren: im 🍴 Grotto Milesi-Belloli (www.igrot.ch > Suchfeld: milesi, Tel. +41 (0)91 830 11 88) und im modernen 🍴 Grotto Bundi alla Bellavista (www.bundiallabellavista.ch, Tel. +41 (0)79 940 19 19). An der Hauptstrasse unter den Grotti liegt 🚏 Cama, Villaggio.

Infos zur Route: www.graubuenden.ch > Suchfeld: 773 – Via San Bernardino

BADEN & VELOFAHREN

San Bernardino – Bellinzona (talabwärts), 4 h (49 km), an 1 bis 2 Tagen:
Die nationale Veloroute 6 (Graubünden-Route, markiert) bietet eine berauschende Abfahrt vom San-Bernardino-Pass (🚏 S. Bernardino, Posta) ins Tessin. Man fährt auf fast durchgehend asphaltierten Strassen in der Nähe der folgenden Badeplätze vorbei: Lago Dosso 20, Pian San Giacomo 21, Cabbiolo 23, Sorte 24, Grono 25, Roveredo 26, Arbedo 29 und 30 und Bellinzona 31. Am Weg liegt auch die schöne, schmale ★ Cascada de Bogiasch (📍 46.30459 9.19767). In Mesocco lohnt sich der kurze Umweg zur Burgruine hoch (Castello di Mesocco). Zurück nach San Bernardino geht's samt Velo mit dem Bus.

Infos zur Route: www.schweizmobil.ch
Velomiete in Bellinzona über Velospot oder Rentabike, siehe auch S. 263

BADEN & BIKEN

San Bernardino – Lumino (talabwärts), 6 h (50 km), an 1 bis 2 Tagen:
Auf dem Mountainbike-Trail 640 fährt man ab San Bernardino (🚏 S. Bernardino, Posta) fast immer auf Naturbelag das Misox hinunter, nah an den im zweiten Kombitipp genannten Badeplätzen der Region Moesano vorbei. Zusätzlich kann man bei Wasserfällen in der Nähe von Cebbia 22 und Pian San Giacomo 21 und bei der ★ Cascata Boffalora (siehe 23, Tipp) Halt machen. Kurz vor dem 🍴 Grotto Bassa (www.grottobassa.ch, Tel. +41 (0)91 829 34 36) überquert man die Moësa-Brücke und fährt nach Lumino hinüber. Ab 🚏 Lumino, Paese bei der Kirche fährt man samt Velo zurück nach San Bernardino.

Infos zur Route: www.bergfex.ch > Suchfeld: 640 Mesolcina
Mountainbike-Miete: Sport Lumbreida, San Bernardino (Tel. +41 (0)91 832 15 67)

20. Lago Dosso

| Liegeflächen | Schwimmen | Wassertemp. | 8.30–19.00 Uhr |

Der tiefblaue Moorsee mit Blick auf Wälder und Berge ist oft um 22 Grad warm.
Am Ufer steht ein grosses Hotel-Restaurant. Die Liegestühle auf der feuchten Wiese am See
dürfen auch von externen Gästen benützt werden. In 20 Minuten kann man noch um den
Lago Dosso spazieren und Heidelbeeren pflücken.

Lago Dosso bei San Bernardino

ÖV > 🚍 S. Bernardino, Posta > 🚶 30 min
🚶 Der Hauptstrasse 800 m südwärts folgen,
dann der Wanderwegweisung «Lagh Doss».

🚗 > 🅿 46.45069 9.20544 > 🚶 1 min
Von der A13 (San-Bernardino-Route) zum Lago Dosso abzweigen (ausgeschildert) und dem Strassenverlauf zum (öffentlichen) Parkplatz beim 🍴 Hotel
Ristorante Lido folgen (www.lido-sanbernardino.
ch, Suchfeld: Lido, Tel. +41 (0)91 835 70 38),
daneben 🚻. 🚶 Über die Wiese zum Seeufer
hinunterspazieren.

≈ 46.44963 9.20500

21. Pian San Giacomo: Cascata de Sach

| Liegeflächen | Schwimmen | Wassertemp. | 9.30–16.00 Uhr |

Inmitten einer alpin wirkenden Szenerie mit Felsen und Nadelbäumen fällt die Moësa über 20 Meter in ein grosses Becken.

Cascata de Sach bei Pian San Giacomo

ÖV > 🚌 Pian S. Giacomo, Paese > 🚶 ⚠ 55 min
🚶 Der Strasse südwärts zur Brücke folgen (270 m), ab dort dem Wanderwegweiser «Lago d'Isola» bis zu einer asphaltierten Strasse, dann dieser zu einem Ausgleichsbecken (2 km). Dessen Rand entlang weiter nordwärts gehen, links halten und die Brücke über einen Bach überqueren. Bis über eine kleine Wehrbrücke weitergehen (80 m). ▶|

🚗 > 🅿 46.43063 9.20904 > 🚶 ⚠ 30 min
A13-Ausfahrt «34-Pian San Giacomo», dann Wegweisung «San Bernardino» folgen. Talaufwärts durch Pian San Giacomo, beim Wildwechsel-Warnschild links abbiegen und 1,4 km geradeaus halten bis zum Parkplatz. 🚶 Dem Bachuferweg bis in Sichtweite einer kleinen Wehrbrücke folgen (400 m). ▶|

|▶ Den weglosen, linksufrigen Hang hochsteigen, dann die mit Grasbändern durchsetzte Felswand zum Wasserfall hinab.
Alternative: Sicherer und direkter wäre es, bei der kleinen Brücke über den Zaun zu steigen und dem kurzen Trampelpfad zum Wasserfallbecken zu folgen. Leider verbietet das die Kraftwerksgesellschaft Axpo, weil der Pfad an einer kleinen betrieblichen Anlage von ihr vorbeiführt.

≋ 46.42931 9.20305

22. Cebbia: Ponte della Penischela

Liegeflächen

Schwimmen

Wassertemp.

9.00–16.30 Uhr

Das Wasser der Moësa schäumt links und rechts einer markanten Felsnase durch zwei Rinnen in ein türkisfarbenes Becken. Vom linken Rand kann man hineinspringen.

Becken unter der Ponte della Penischela bei Cebbia

ÖV > 🚌 Mesocco, Ponte Anzone > 🚶 20 min

🚶 Der bei der Bushaltestelle beginnenden Nebenstrasse bis zum ehemaligen Kraftwerk am nördlichen Ortsrand von Cebbia folgen, einem grossen Gebäude mit hohen Rundbogenfenstern (750 m). ▶|

🚗 > P 46.40373 9.23202 > 🚶 10 min
Von Norden her: A13-Ausfahrt «35-Mesocco-Nord» und 600 m bis zur o. g. Bushaltestelle fahren. (Bzw. von Süden her: A13-Ausfahrt «36-Mesocco-Sud» und 2 km bis zur oberen Tafel der o. g. Bushaltestelle fahren.)

In die schmale Nebenstrasse abbiegen (kein Wegweiser) und ihr durch Cebbia folgen bis zum Parkplatz bei einem grossen Gebäude am nördlichen Ortsrand mit hohen Rundbogenfenstern. 🚶 ▶|

▶ Dem Wanderweg 250 m bergauf folgen bis zu einer Weggabelung. Ein paar Schritte danach zur Moësa hinuntergehen.

≋ 46.40558 9.23480

Moesano

23. Cabbiolo: Cascata La Monda

Liegeflächen   Schwimmen   Wassertemp.   12.00–16.00 Uhr

Der hohe, zweistufige Fall des Ria di Mondan ist auch als Cascata del Groven bekannt.
Er ist bei Familien beliebt, weil sein Becken seicht ist und Kinder auch gut im Bach spielen
können. In Schönwetterphasen wird das Wasser über 20 Grad warm. Klettererfahrene
Besucherinnen und Besucher des Orts steigen gerne zum oberen Becken hoch: Ein Trampelpfad
am rechten Ufer führt zu einer etwa 6 Meter hohen Felswand mit Kette (Absturzgefahr).

Cascata La Monda in Cabbiolo

ÖV > 🚆 Cabbiolo sud > 🚶 10 min

🚶 100 m südwärts gehen, scharf rechts abbiegen und der Strasse bis zu einem Bachufer-Trampelpfad folgen (180 m). ▸ı

🚗 > 🅿 46.32887 9.20487 > 🚶 15 min
A13-Ausfahrt «37-Lostallo», dann Richtung «San Bernardino» halten bis zur Kirche von Cabbiolo. Der Parkplatz liegt gegenüber. 🚶 Richtung «centroarte Cabbiolo» gehen (ausgeschildert) und weiter bis zu einem Bachufer-Trampelpfad (500 m). ▸ı

▸ı Bachaufwärts zum Wasserfallbecken gehen.

≈ 46.32502 9.20082

Tipps

★ Cascata Boffalora: 2,7 Kilometer nördlich von Cabbiolo, ein paar Schritte bachaufwärts vom 🍴 Ristorante Boffalora an der Talstrasse (Tel. +41(0)91 831 16 16), stiebt ein wunderschöner schmaler Wasserfall eine Felswand herunter. 📍 46.34811 9.21337, 🚆 Soazza, Boffalora, 🅿 46.34850 9.21509

Wald-Grotti: 1,6 Kilometer südlich der Cascata La Monda, am südlichen Ortsrand von Lostallo, liegen im Schatten von Bäumen das 🍴 Grotto de Ritz (www.igrot.ch > Suchfeld: Ritz, Tel. +41(0)9 632 75 43, 🅿 46.31101 9.19276), das 🍴 Grotto Sala (Tel. +41(0)79 235 77 51, 🅿 46.31125 9.19367 mit Bocciabahn) und das 🍴 Grotto Centena (www.facebook.com > Suchfeld: Grotto Centena, Tel. +41(0)78 200 07 67, 🅿 46.31125 9.19367).

24. Sorte: La Rosta

Liegeflächen Schwimmen Wassertemp. 14.00–17.30 Uhr

Die vielbesuchte, lauschige Badestelle an der Moësa liegt bei einem sandigen Auenwald. Auf grossen Felsblöcken im Fluss kann man sich aufwärmen und aufs glitzernde Wasser schauen. Ein paar Schritte flussaufwärts findet man hinter Felsen noch eine sonnige kleine Sandbucht.

Sicherheit: Nicht zu nah an das Wehr schwimmen wegen der Gefahr, von der Strömung darübergezogen zu werden.

ÖV > 🚆 Sorte > 🚶 10 min

🚶 Die Brücke überqueren, flussabwärts abbiegen und der Strasse bis zu einem kleinen Kiesparkplatz in einer Kurve folgen (550 m). ▸ı

🚗 > 🅿 46.28943 9.18039 > 🚶 1 min
A13-Ausfahrt «37-Lostallo» und Wegweisung «Cama» folgen bis zur Abzweigung nach Sorte (3,5 km, beschildert). Die Brücke überqueren, rechts abbiegen und bis zum Parkplatz in einer Kurve fahren (500 m). 🚶 ▸ı

▸ı Dem kurzen Trampelpfad durch den Wald zur Badestelle folgen.

≈ 46.28907 9.17923

Badestelle La Rosta bei Sorte

25. Grono: Cascata Riale Val Grono

Liegeflächen

Schwimmen

Wassertemp.

11.30–13.00 Uhr

Ein Ort für besonders heisse Tage: Der schattige, von hohen Felsen umschlossene Wasserfall des Riale Val Grono ist kalt und strahlt mystische Wildheit aus. An ein paar Kiesstellen am Bachufer kann man sich hinlegen.

Cascata Riale Val Grono

ÖV > 🚃 Grono, Paese > 🚶 20 min

🚶 Hangabwärts abbiegen und der Wanderwegweisung «Val Grono» geradeaus bis in die Schlucht auf der anderen Talseite folgen (1 km).

🚗 > 🅿 46.24501 9.15403 > 🚶 5 min
Von Norden her: A13-Ausfahrt «38-Roveredo» (bzw. von Süden her A13-Ausfahrt «38-Roveredo»), dann Wegweisung «Grono» bis zur Post in Grono folgen. Hangabwärts abbiegen und geradeaus halten in Richtung Einschnitt in der Bergflanke auf der anderen Talseite. Parkmöglichkeiten sind linker Hand nach der Moësa-Brücke vorhanden. 🚶 Den Wanderwegweisern in die Schlucht folgen.

🏊 46.24308 9.15744

26. Roveredo: Gola della Traversagna de Sant'Anna

Liegeflächen

Schwimmen

Wassertemp.

10.00–19.00 Uhr

In der engen Schlucht des Val Traversagna unterhalb der Kirche Sant'Anna gibt es im Flussbett der Traversagna (Trave) ein paar kleine Becken zum Baden. Slackliner finden am Becken 🏊 ein paar Schritte flussaufwärts von der Leiter, über die man in die Schlucht einsteigt, Bohrhaken zum Spannen eines Seils.

Schlucht bei der Kirche Sant'Anna in Roveredo >

In der Schlucht bei der Kirche Sant'Anna in Roveredo

ÖV > 🚆 Roveredo GR, Strada cantonale > 🚶 30 min
🚶 Die Moësa-Brücke überqueren, links halten und den Wanderwegweisern parallel zu den Ufern von Moësa und Traversagna aufwärts folgen bis zur kleinen Kirche Sant'Anna. ▶I

🚗 > 🅿 46.23165 9.12878 > 🚶 10 min
A13-Ausfahrt «38-Roveredo» und nach Roveredo fahren. Die Moësa-Brücke überqueren und der Wegweisung «Grotto Zendralli» folgen bis zum Parkplatz-Wegweiser «Casa di Cura Immacolata» (700 m), dann jenem zu einem Kiesparkplatz (120 m). 🚶 Parallel zum Bachufer zur kleinen Kirche hochspazieren. ▶I

I▶ Um das Becken 60 Meter unterhalb der Brücke von Sant'Anna (siehe S. 65) zu erreichen, auf der Höhe des Grottos Zendralli den kurzen Trampelpfad ans Wasser hinunter nehmen. Um die Schlucht gleich hinter der Sankt-Anna-Kirche zu besuchen, dem Trampelpfad dahinter bis zu einer Felswand folgen, dort über eine etwa 3 Meter hohe Leiter ins Flussbett hinunter.

≋ 46.22985 9.13033

Tipp

Lauschige Grotti: Unterhalb der Kirche Sant'Anna liegt das beliebte 🍴 Grotto Zendralli (www.grottozendralli.ch, Tel. +41(0)91 827 13 48) mit grosser Terrasse unter Bäumen, auf der hausgemachte Pasta serviert wird. Wenn es dort zu voll ist, kann man über die Brücke zum 🍴 Grotto Gardelina (7 min, ausgeschildert, www.igrot.ch > Suchfeld: Gardelina, Tel. +41(0)79 627 38 85) weiterspazieren.

27. Val Calanca – Rossa: Pozzo del Margine

Liegeflächen

Schwimmen

Wassertemp.

10.00–16.00 Uhr

Trotz des kalten Wassers ist dieses Badebecken des Bergbachs Calancasca beliebt. Vielleicht liegt es an den glattgeschliffenen Felsen, auf denen man sich nach dem erfrischenden Bad ausstrecken kann.

Pozzo del Margine in Rossa

ÖV > 🚌 Rossa > 🚶 10 min

🚶 Die Brücke überqueren und der Strasse bis kurz vor eine nächste Brücke folgen (500 m). ▶

🚗 > Ⓟ 46.37747 9.12608 > 🚶 1 min

Von Norden her: A13-Ausfahrt «37a-Grono-Nord» (bzw. von Süden her: A13-Ausfahrt «38-Roveredo»), dann Wegweisung «Grono» und, sobald angeschrieben, «Calanca» folgen. Bei Rossa nicht über die Brücke ins Dorf fahren, sondern weiter geradeaus bis zu einem kleinen Parkplatz in einer Rechtskurve bei einer Brücke (550 m). 🚶 ▶

▶ Dem Trampelpfad, der ein paar Schritte südlich der Brücke beginnt, an die Calancasca hinunter folgen.

≈ 46.37689 9.12624

Tipp

★ Cascata del Frott: In Augio, dem unterhalb Rossa, kann man einen tosenden, 90 Meter hohen Fall des Ria del Frott besuchen. Der Ort eignet sich zum Picknicken oder Spielen im Bach. Das Baden hat die Gemeinde verboten, um Haftungsfällen vorzubeugen. 📍 46.36438 9.13135, 🚌 Augio, Paese, Parkplätze an der Talstrasse am unteren Ortsrand von Rossa, Ⓟ 46.36182 9.12708

Moesano

28. Val Calanca – Valbella: Fontana della Cagna

Liegeflächen

Schwimmen

Wassertemp.

11.00–15.00 Uhr

Eine schöne, etwas kraxelige Schluchtenwanderung führt zu einem grossen Becken des Bergbachs Calancasca am Fuss eines grossen Felsens.

- -

ÖV > 🚌 Rossa > 🚶 1h 45min

🚶 Die Brücke überqueren und die Talstrasse hochwandern bis zu den letzten Häusern des Weilers Valbella (4,5 km). ▶︎

🚗 > P 46.40338 9.13145 > 🚶 35min
Von Norden her: A13-Ausfahrt «37a-Roveredo» (bzw. von Süden her A13-Ausfahrt «38-Roveredo»), dann Wegweisung «Grono» und, sobald angeschrieben, «Calanca» folgen. Das Tal hochfahren bis zum Parkplatz bei den letzten Häusern des Weilers Valbella. 🚶 ▶︎

▶ Dem Wanderweg, der ein paar Schritte vor dem Parkplatz beginnt, zu einem Steg hinunter folgen, dann durch die weglose Schlucht zum Becken in der Flussbiegung hinabwandern.
Alternativ bei den ersten Häusern von Valbella auf dem Treppenweg den Hang hinabgehen bis zu zwei Rustici. Parallel zum Waldrand flussaufwärts gehen bis zur Stelle, wo eine deutliche Lücke zwischen den Felsen sichtbar ist (200 m). Ins Bachbett hinuntersteigen und bachaufwärts gehen. Dieser Zugang ist einfacher und 15 min kürzer als derjenige die Schlucht hinab, aber weniger schön.

 46.40196 9.13306

Fontana della Cagna bei Valbella

< Cascata dei Froll bei Augio (siehe S. 67, Tipp)

31 Strand beim Steg von Galbisio, siehe S. 78

Piano di Magadino

An Flussstränden faulenzen oder in weglosen Waldschluchten Wasserfälle besuchen – in der Magadinoebene hat man die Wahl. Die Einheimischen baden übrigens am liebsten abends im Ticino: Er ist dann mehrere Grade wärmer.

Piano di Magadino

29. Spiaggetta di Arbedo
30. Arbedo: gegenüber dem Kreisverkehr
31. Bellinzona: Passerella di Galbisio
32. Valle di Sementina
33. Cacima
34. Cugnasco: Pozzom
35. Valle di Cugnasco

Infos zur Region

Piano di Magadino
östlich von Cugnasco:
Bellinzonese e Valli Turismo:
www.bellinzonaevalli.ch
Tel. +41(0)918252131
ⓘ Bellinzona: gegenüber der grossen Kirche in
der Altstadt, ♀ 46.19203 9.02342,
🚌 Bellinzona, P. Indipendenza

westlich von Cugnasco:
Organizzazione turistica Lago Maggiore e Valli:
www.ascona-locarno.com
Tel. +41(0)848091091
ⓘ Tenero: an der Strasse zum Camping
Campofelice, ♀ 46.17122 8.85634,
🚌 Tenero, Brere

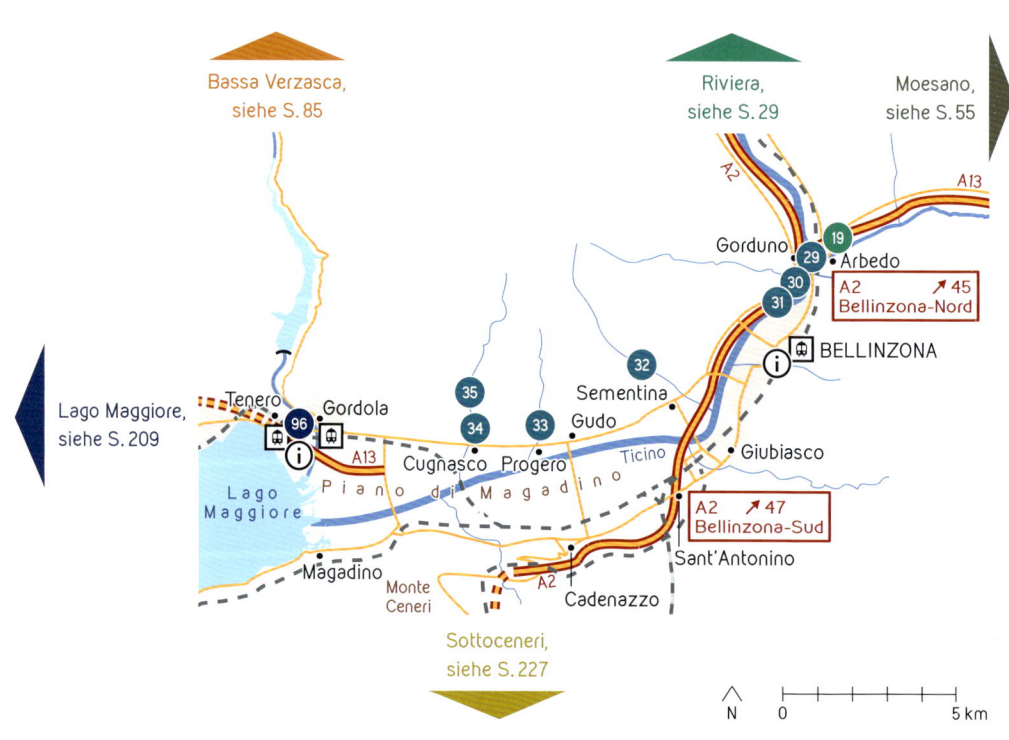

BADEN & WANDERN

Gudo – Cacima – Gudo (Rundtour), 50 min (2 km):

Von 🚌 Gudo, Serta bzw. dem nahegelegenen 🅿 46.17435 8.94005 hinter dem 🍴 Ristorante Cottini der Wanderwegweisung «Monti del Laghetto» einen Waldhang hoch bis zum Weiler Cacima folgen und in einem palmengesäumten Becken 33 baden. Dem Wanderweg weiter südwärts folgen. Wo er auf einen Feldweg trifft, dem Wegweiser «Sentiero Comunale» durch den Rebberg ins Dorf hinunter folgen. Wenn man nochmals ins Wasser springen möchte, vor dem Steg den linksufrigen Trampelpfad zu einem versteckten kleinen Becken hoch nehmen (📍 46.17625 8.94272). Zu Bushaltestelle und Parkplatz folgt man der Strasse abwärts.

BADEN & VELOFAHREN

Bellinzona – Arbedo – Bellinzona (Rundtour), 1 h (8 km):

Die Altstadt von Bellinzona besuchen (siehe 31, Tipp), dann auf der nationalen Veloroute 3 (Nord-Süd-Route, markiert) den Fluss Tessin entlang zu einem Strand radeln: Bellinzona 31, Arbedo 30 und 29 oder Castione 19. Auf der Veloroute 311 (markiert) am östlichen Hangfuss zurück nach Bellinzona fahren.

Velomiete in Bellinzona über Velospot oder Rentabike, siehe S. 263

Bellinzona – Tenero (talabwärts), 1 h 30 min (20 km):

Durch Bellinzona bummeln (siehe 31, Tipp). Dann die Magadinoebene auf der nationalen Veloroute 3 (Nord-Süd-Route, markiert) und ab Giubiasco auf der regionalen Route 31 (markiert) hinunterpedalen. Beide verlaufen auf ruhigen Nebenstrassen und separaten Velowegen. In der Nähe liegen die Badeplätze von Bellinzona 31, Cacima 33 (kleiner Abstecher), Cugnasco 34 und Tenero 96.
Mit dem eigenen Velo kann man schon in Biasca, 20 Kilometer nördlich vom Startort Arbedo, starten, wo über der Stadt ein Badebecken mit Aussicht liegt 10. Vom Zielort Tenero kann die Velotour bis zum Lago Maggiore (siehe S. 212, ersten Kombitipp) und die unterste Maggia hoch nach Ponte Brolla verlängert werden (siehe S. 212, zweiten Kombitipp).
Velomiete in Bellinzona über Velospot oder Rentabike, siehe S. 263, Velorückgabe in Tenero. Rückgabe von Velospot-Velos auch in Locarno, Ascona, Losone oder Ponte Brolla möglich, von Rentabike-Velos in Locarno

29. Spiaggetta di Arbedo

Liegeflächen

Schwimmen

Wassertemp.

9.30–19.00 Uhr

Hier trifft sich Bellinzona: auf dem grossen Kies-/Sanddelta bei der Einmündung der Moësa in den Ticino. Für das leichte Rauschen der Autobahn entschädigen einen Drinks und Gelati von der Strandbar. Dort finden abends auch manchmal Konzerte statt. Am rechten Ufer der Moësa kann man noch einige ruhigere Stellen finden.

Ticinostrand bei der Moësa-Mündung in Arbedo

Piano di Magadino

ÖV > 🚌 Arbedo, Molinazzo > 🚶 10 min

🚶 Man spaziert nordwärts bis zum Kreisverkehr (220 m). Vor diesem biegt man links auf den Kiesweg ab und folgt ihm nordwärts zum Flussdelta (350 m) mit 🍹 Beach Bar La Spiaggetta (Abendprogramm: www.facebook.com > Suchfeld: La Spiaggetta – Arbedo) und 🚾 am Waldrand.

🚗 > 🅿 46.21683 9.04025 > 🚶 5 min

Von Norden her: A2-Ausfahrt «45-Bellinzona-Nord», ab dem Lichtsignal der Wegweisung «Bellinzona» folgen bis 100 m nach dem Kreisverkehr von Arbedo. (Bzw. von Süden her auf der Via Cantonale bis 150 m nach der l. g. Bushaltestelle fahren.) In die unauffällige Nebenstrasse rechter Hand, die parallel zur Bahnlinie verläuft, einbiegen und ihr zum Parkplatz folgen (500 m). 🚶 Von dort sind es noch ein paar Schritte durch den Wald.

≈ 46.21828 9.03964

30. Arbedo: gegenüber dem Kreisverkehr

Liegeflächen

Schwimmen

Wassertemp.

8.30–14.30 Uhr

Der 60 Meter lange Ticino-Strand bietet feinen weissen Sand und Schatten von Bäumen. Leider sind die Strassenbrücke und die Autobahn in Hörweite. Man kann sich ein Stück den Fluss hinuntertreiben lassen und auf dem rechtsufrigen Weg wieder hochspazieren. Auf dem Uferweg kann man in 10 Minuten noch einen schönen Strand beim roten Steg von Galbisio 31 hinunterspazieren.

Ticino-Strand gegenüber des Kreisverkehrs von Arbedo

Sicherheit: 400 Meter unterhalb des Strands liegt eine gefährliche Schwallstrecke. Vorher aus dem Fluss aussteigen.

ÖV > 🚉 Arbedo, Molinazzo > 🚶 10 min
🚶 Der Strasse nordwärts bis zum Kreisverkehr folgen. Die Brücke überqueren und links in den Parkplatz einbiegen. ▶|

🚗 > 🅿 46.21488 9.03762 > 🚶 1 min
A2-Ausfahrt «45-Bellinzona-Nord», dann Wegweisung «Bellinzona» folgen bis zum Kreisverkehr Arbedo und diesen in Richtung «Gorduno» verlassen. Nach der Brücke links in den Parkplatz abbiegen. 🚶 ▶|

|▶ Dem Trampelpfad ans Ufer des Ticino folgen.

≈ 46.21421 9.03791

< Spiagetta di Arbedo (siehe S. 75)

31. Bellinzona: Passerelia di Galbisio

Liegeflächen   Schwimmen   Wassertemp.   10.00–17.00 Uhr

Der lauschigste Ticino-Strand: 60 Meter lang, mit feinem weissem Sand unter einem lichten Baumdach. Leider dringt etwas Autobahnrauschen herüber. Flussabwärts sieht man den leuchtend roten Steg von Galbisio.

Ticino-Strand oberhalb des Stegs von Galbisio

ÖV > 🚌 Bellinzona, al Maglio > 🚶 10 min

🚶 Ein paar Schritte südwärts gehen und noch vor der Shell-Tankstelle Piccadilly in Richtung Ticino abbiegen. Der Strasse bis zum grossen Parkplatz folgen, den roten Steg überqueren. ▶️

🚗 > 🅿️ 46.21051 9.02708 > 🚶 10 min

Auf der westlichen Talstrasse bis zum südlichen Ortsrand von Galbisio fahren und auf dem Parkplatz gegenüber der Abzweigung zum 🍴 Ristorante Marché (ausgeschildert) parkieren. 🚶 Die Strasse hinuntergehen bis nach der Autobahnunterführung, links halten. ▶️
Alternative: Wer weniger als 2 h am Strand bleiben möchte, kann auf dem Parkplatz auf der Südseite des roten Stegs parkieren. Am Nordrand von Bellinzona biegt man gegenüber der Tankstelle Piccadilly in Richtung Ticino ab und hält geradeaus bis zum Parkplatz, 🅿️ 46.20835 9.03368. 🚶 Den roten Steg überqueren. ▶️

▶️ Ein paar Schritte nördlich des Stegs den Trampelpfad zum Ticino hinunter nehmen.

≋ 46.20928 9.03272

Tipp

Stadtbummel: Bellinzona hat eine schöne Altstadt und ist bekannt für die drei Burgen, die Teil des UNESCO-Welterbes sind. Zentral gelegen ist die Burg Castelgrande, wo man die Aussicht und/oder einen Happen im 🍴 Grotto San Michele geniessen kann (www.castelgrande.ch, Tel. +41(0)918148781, 🚌 Bellinzona, Piazzale Stazione, 🅿️ 46.19358 9.02354 / Parkhaus Piazza del Sole). Am Fuss der Burg findet samstags ein Markt statt (7–13 Uhr).

32. Valle di Sementina

| Liegeflächen | Schwimmen | Wassertemp. | 9.00–15.00 Uhr |

Ein Streifen Auenwald zieht sich durch die Schlucht des Bachs Sementina. Zwischen Bäumen und riesigen Felsblöcken durch sucht man sich den Weg flussaufwärts. Nach einer Dreiviertel-stunde endet die Wanderung bei einem 90 Meter hohen, schmalen Wasserfall, von dem ein Sprühnebel herabweht. Hier geht es nicht weiter, man wähnt sich am Ende der Welt. Am Hang neben dem Becken liegt eine sonnige kleine Wiese.

Wasserfall der Sementina

Tipp

Restaurant im Rebberg: Von der gepflegten Kiesterrasse von 🍴 La Fattoria L'Amorosa, Sementina (www.amorosa.ch, Tel. +41(0)91 840 29 50, **P** 46.17741 8.96577), 1,2 Kilometer südwestlich des Parkplatzes an der Sementina am selben Hang, blickt man über Weinberge und grüne Hänge.

ÖV > 🚌 Sementina, Via Locarno > 🚶 △ 45 min
🚶 Die Talstrasse hochgehen bis zur Brücke und der Uferstrasse bachaufwärts folgen bis zu einem Wendeplatz (800 m). ▶|

🚗 > **P** 46.18701 8.99162 > 🚶 △ 40 min
Auf der nördlichen Talstrasse bis zur Brücke in Sementina fahren. Unmittelbar südlich der Brücke hangwärts von der Strasse abbiegen und zum Parkplatz fahren (weitere Parkplätze geradeaus). 🚶 Die Strasse hochgehen bis zu einem Wendeplatz. ▶|

▶| Auf einem Trampelpfad bis ans Ufer der Sementina gehen (100 m). Den Bach überqueren und am anderen Ufer die Waldschlucht hinaufwandern (30 min). Am Schluss noch 50 m über die Felsen klettern.

≋ 46.19363 8.97847

33. Cacima

| Liegeflächen | Schwimmen | Wassertemp. | 12.00–18.00 Uhr |

Das Becken des Riale di Progero ist von einem tropisch anmutenden kleinen Wald mit Palmen, Hängefarnen und Bambussen umgeben. Die Canyonistinnen und Canyonisten nennen den Bach denn auch «Riale delle palme». Die erhöht liegende kleine Wiese zwischen dem Rebberg und dem Ufer ist für die Gäste einer nahegelegenen Feriensiedlung reserviert. Der kleine Strand liegt auf Gemeindegebiet und ist damit öffentlich. Schwimmt und kraxelt man ein Stück in die Schlucht hinein, gelangt man zu einem 30 Meter hohen Wasserfall.

Sicherheit: bei stärkerem Abfluss nicht unter den Wasserfall schwimmen wegen Gefahr von Walzen

Badebecken beim Weiler Cacima über der Magadinoebene

Wasserfall in der Schlucht

Tipp

Rundtour durch Wald und Reben: siehe S. 74, ersten Kombitipp

ÖV > 🚃 Gudo, Serta > 🚶 30 min

🚶 Zum 🍴 Ristorante Cottini spazieren (100 m). Der Wanderwegweisung «Monti del Laghetto» den Hang hoch zum Weiler Cacima folgen. Durch die Häuser zum Bach gehen und die Brücke überqueren. ▶|

🚗 > P 46.17618 8.944545 > 🚶 20 min

Auf der nördlichen Talstrasse bis zum o. g. Restaurant in Progero-Gudo fahren. Bergwärts abbiegen und der Strasse bergauf zum Parkplatz folgen (500 m). 🚶 Der Wanderwegweisung «Monti del Laghetto» den Waldhang hoch bis zum Weiler Cacima folgen. Durch die Häuser zum Bach gehen und die Brücke überqueren. ▶|

≋ 46.17758 8.94385

34. Cugnasco: Pozzom

Liegeflächen

Schwimmen

Wassertemp.

11.00–13.30 Uhr

Hier lockt der Dschungel: In den Felswänden neben zwei kleineren Becken des Riale Riarena am Ausgang der Schlucht Valle di Cugnasco wuchern Efeulianen, Farne und Palmen. Das erste Becken ist von kleinen Kiesstränden umgeben. Das zweite liegt etwas höher. Man erreicht es durchs Bachbett. Das Wasser wird gegen 20 Grad warm. Klettererfahrene können den Felsen hinter dem Wasserfall hochsteigen und von dort aus zwei weitere kleine Becken besuchen.

Der Pozzom von Cugnasco

ÖV > 🚌 Cugnasco, Posta > 🚶 10 min

🚶 Der Talstrasse westwärts zur Brücke folgen. Dort der hangaufwärts führenden Strasse bis zur nächsten Brücke folgen (250 m). ▶|

🚗 > 🅿 46.17715 8.91749 > 🚶 5 min

Auf der nördlichen Talstrasse bis zur Brücke in Cugnasco fahren. Hangwärts abbiegen, dem Wegweiser «Medoscio» und der Strasse bis zu den Parkplätzen bei der nächstoberen Brücke folgen (250 m). 🚶 ▶|

▶| Den Bach entlang in die Schlucht spazieren.

≈ 46.17820 8.91777

35. Valle di Cugnasco

| Liegeflächen | Schwimmen | Wassertemp. | 12.00–14.00 Uhr |

Eine weglose Schluchtenwanderung führt zu einem Badebecken des Riale Riarena mit einem 20 Meter hohen Wasserfall. Er ist besonders für heisse Tage ein geeignetes Ausflugsziel.

Badebecken im Valle di Cugnasco

ÖV > 🚌 Agarone, Colletto > 🚶 50 min
🚶 100 m in Fahrtrichtung weitergehen, dann dem Weg den Hang hoch bis zur Autostrasse folgen. ▸|

🚗 > 🅿 46.18121 8.91416 > 🚶 40 min
Auf der nördlichen Talstrasse bis zur Brücke am südlichen Ortsrand von Cugnasco fahren. Auf die Bergstrasse Richtung «Medoscio» abbiegen und ihr bis zu einer Linksbiegung mit vielen Wanderwegweisern folgen (3,7 km), am Strassenrand parkieren. Diese paar Parkplätze sind aber oft besetzt, und in der näheren Umgebung gibt es keine anderen.
Alternative: Wenn man es vermeiden möchte, kurzfristig umplanen zu müssen, stellt man das Auto am besten im nahegelegenen Agarone ab (🅿 46.17840 8.90631) und nimmt von 🚌 Agarone, Paese den Bus den Hang hoch. 🚶 ▸|

▸| Den Wanderweg aufwärts folgen und an der Gabelung rechts halten. Weitergehen bis zum Bachbett (500 m), dann darin etwa 20 Minuten aufwärts bis zum Wasserfallbecken. (Am Anfang muss man einige Meter durch hüfthohes Wasser waten, sonst bleibt man trocken.)

≈ 46.18673 8.91577

42 Pozzo dei Salti in Lavertezzo, siehe S. 98ff.

Bassa Verzasca

Die klaren smaragdgrünen Becken der Verzasca liegen zwischen rundgeschliffenen Felsen. Das Wasser ist kalt, aber die Flusslandschaft so unverschämt schön, wie es touristische Werbekampagnen behaupten.

85

Bassa Verzasca

36. Bivio di Corippo:
    unterhalb der Ponte di Corippo
37. Bivio di Corippo:
    oberhalb der Ponte di Corippo
38. Campioi: Pozzo della Misura
39. Posse: unteres Becken
40. Posse: oberes Becken
41. Lavertezzo: Pozz di Vacch
42. Lavertezzo: Pozzo dei Salti
43. Aquino
44. Ganne

Infos zur Region

Ufficio turistico Tenero e Valle Verzasca:
www.ascona-locarno.com >
Suchfeld: Valle Verzasca
Tel. +41(0)848 091091
ⓘ **Tenero:** an der Strasse zum Camping
Campofelice, 📍46.17110 8.85643,
🚌 Tenero, Brere
ⓘ **Valle Verzasca:** am Staudamm,
📍46.19597 8.85059, 🚌 Diga Verzasca

N 0   5 km

Alta Verzasca,
siehe S. 105

Osura

Brione
(Verzasca) 45

44

Valle   Verzasca

Ganne

43 Aquino

42
41 Lavertezzo

40 Posse
39
38

37

Corippo   36

Lago di Vogorno

Vogorno

Lago Maggiore,
siehe S. 209

Piano di
Magadino,
siehe S. 71

Bassa
Vallemaggia,
siehe S. 121

Tenero   96 Gordola

LOCARNO

A13

Lago
Maggiore

BADEN & WANDERN

Ganne – Lavertezzo (talabwärts) / Sentiero per l'Arte, 1 h 30 min (4,5 km):
Der «Weg der Kunst» verläuft nah an der Verzasca im Wald und ist recht ruhig, weil die Talstrasse auf der anderen Flussseite liegt. Zwanzig Kunstwerke säumen den Weg, darunter eine Metallstangen-Pyramide, unter der man sich mit gebündelter kosmischer Energie aufladen kann. Man startet in Ganne 45, wo man zum Munterwerden schon mal in die Verzasca springen kann. Gegenüber Motta kommt man an einer kleinen Sandbucht vorbei (⚲ 46.27279 8.80989), bei Aquino an einem grösseren Strand 44. Als Nächstes kann man das 🍴 Grotto al Ponte in Lavertezzo anpeilen (siehe 42, Tipp). Ein paar Schritte weiter folgen die beliebten Verzascabecken Pozzo dei Salti bei der Brücke Ponte dei Salti 42 und Pozz di Vacch bei der Kirche 41, wo man auf schönen Felsen abhängen kann.
Zum Verlängern auf dem Verzasca-Uferweg weiterwandern zu den Becken von Posse 40 und 39 (1 km), zum Pozzo della Misura 38 (weitere 500 m) und zum Becken unter der Ponte di Corippo 36 (weitere 750 m).

Infos zum «Weg der Kunst»: www.ticino.ch > Suchfeld: Weg der Kunst im Verzascatal

36. Bivio di Corippo: unterhalb der Ponte di Corippo

Liegeflächen   Schwimmen   Wassertemp.   11.00–15.00 Uhr

Das tiefe Becken der Verzasca ist von grossen, glattgeschliffenen Felsblöcken durchsetzt. Über die Schlucht spannt sich die Strassenbrücke, über die man das Bergdorf Corippo erreicht, mit zwölf Einwohnern die kleinste politische Gemeinde der Schweiz.

Verzascabecken unterhalb der Ponte di Corippo

Tipps

Verzasca-Staumauer (Diga della Verzasca): Das Mega-Bauwerk ist 380 Meter breit und schwindelerregende 220 Meter hoch. Es ist ein eindrückliches Erlebnis, darüberzuspazieren. Bekannt wurde es durch den Film «GoldenEye» (1995), in dem James Bond an einem Seil von der Staumauer hinunterspringt, um in ein verstecktes Giftgaslabor einzudringen. 🚌 **Diga Verzasca**, daneben 🅿 **46.19469 8.85051**

Grotto auf mehreren Ebenen: In der romantischen 🍴 **Osteria Paradiso** in Berzona (Verzasca) (Tel. +41(0)91 745 10 81, 🅿 **46.21312 8.85969**, oberhalb 🚌 **Berzona (Verzasca), rustici**) kann man zwischen verschiedenen kleinen Terrassen auswählen. Reservation empfohlen.

ÖV > 🚌 Coripppo, Bivio > 🚶 ⚠ 10 min
🚶 ▶|

🚗 > 🅿 46.24024 8.84462 > 🚶 ⚠ 10 min
Auf der Talstrasse bis zur Abzweigung nach Corippo fahren (6 km oberhalb Verzasca-Staumauer, beschildert), abbiegen und gleich danach rechts parkieren (weitere Parkplätze bei der Brücke unten vor dem 🍴 Grotto Bivio di Corippo, das bei Drucklegung dauerhaft geschlossen war). 🚶 ▶|

▶| Zur Brücke hinuntergehen und an deren Ende dem rutschigen, steilen Trampelpfad ans Wasser hinunter folgen. Das letzte Stück kraxelt man über Felsen.

🏊 46.24068 8.84396

37. Bivio di Corippo: oberhalb der Ponte di Corippo

 Liegeflächen    Schwimmen    Wassertemp.    12.00–16.00 Uhr

Unterhalb eines riesigen überhängenden Felsblocks fliesst die Verzasca im klassischen Smaragdgrün durch ein grosses Becken. Flussabwärts sieht man die Brücke von Corippo.

Gut dabeizuhaben & Sicherheit: Mit einer Gartenschere kann man lästige Dornenzweige aus dem Weg schaffen. Der flachere Ausstieg führt über eine ausgesetzte Passage. Um sie zu vermeiden, ein Seilstück mitnehmen, das jemand von einer steileren Ufestelle aus hält und an dem man sich herausziehen kann.

Verzascabecken oberhalb der Ponte di Corippo

ÖV > 🚍 Corippo, Bivio > 🚶 ⚠ 10 min
🚶 ▶|

🚗 > 🅿 46.24024 8.84462 > 🚶 ⚠ 10 min

Auf der Talstrasse bis zur Abzweigung nach Corippo fahren (6 km oberhalb Verzasca-Staumauer, beschildert), abbiegen und gleich danach rechts parkieren (weitere Parkplätze bei der Brücke unten vor dem 🍴 Grotto Al Bivio di Corippo, das bei Drucklegung dauerhaft geschlossen war). 🚶 ▶|

▶ In die Kurve hinuntergehen (90 m), in den Wald stechen und dem Trampelpfad bis zu einer Stelle folgen, wo er zwischen zwei oberschenkelhohen Felsblöcken hangabwärts abdreht (170 m). Ein paar Schritte das Bord hinuntersteigen, links abbiegen und quer zum Hang in Richtung einer Felswand gehen. Die Felsrinne darunter hinuntersteigen.

≈ 46.24180 8.84474

38. Campioi: Pozzo della Misura

Liegeflächen

Schwimmen

Wassertemp.

10.00–16.30 Uhr

Rundgeschliffene Felsen und ein kleiner Sandstrand säumen dieses 130 Meter lange Becken in einer kleinen Schlucht der Verzasca. Besonders sehenswert ist darin die Unterwasserlandschaft: Die Felsformationen und -muster sind spektakulär.

Gut dabeizuhaben & Sicherheit: Es lohnt sich, eine Taucher- oder Schwimmbrille mitzunehmen. Nur im mittleren und oberen Bereich des Beckens baden. Die Strömung kann im unteren Bereich, wo es sich verengt, stark werden.

Pozzo della Misura, bei Tauchern auch bekannt als Amslerbecken

ÖV > 🚌 Lavertezzo, Ai Poss > 🚶 7 min
🚶 Der Strasse talabwärts folgen bis zu Parkplätzen beidseits eines Bachs (450 m). ▶️

🚗 > 🅿 46.24866 8.84556 > 🚶 3 min
Auf der Talstrasse bis zu einem kleinen Parkplatz bei einem Bach 1 km talaufwärts von der Abzweigung nach Corippo (beschildert) bzw. 450 m talabwärts von Posse (mit 🍴 Ristorante Posse) fahren. Am Parkplatz steht ein oranges Werbeschild «Pensione Posse». 🚶 ▶️

▶️ Über einen Trampelpfad, der ein paar Schritte talabwärts beginnt, mehr oder weniger gerade an die Verzasca hinuntergehen.

〰️ 46.24845 8.84480

Tipps

Flache Felsen am rechten Ufer: Nach 🚌 **Lavertezzo, Ai Poss** fahren, den Steg überqueren und dem Wanderweg 1 Kilometer talabwärts folgen bis rund 100 Meter nach einem einzelnen kleinen Rustico. Ein kurzer Trampelpfad führt ans Ufer hinunter.

Planschen in einer Krone: 100 Meter flussabwärts vom Pozzo della Misura liegt ein weiteres wunderschönes Becken der Verzasca. Grauweisse, zugespitzte Felsen bilden einen Kreis darum (📍 46.24757 8.84518). Man erreicht es über denselben Trampelpfad wie den Pozzo della Misura. Vom Parkplatz aus geht man hinter der Leitplanke der Talstrasse rund 100 Meter talabwärts bis ein paar Meter nach der zweiten hellgrauen Röhre, dann über einen kurzen, steilen Weg zum Becken ans Wasser hinunter.

Pozzo della Misura

39. Posse: unteres Becken

| Liegeflächen | Schwimmen | Wassertemp. | 12.00–16.30 Uhr |

Das steil abfallende, 70 Meter lange Becken der Verzasca, das auch als Pozzo delle Posse 2 bekannt ist, liegt unter zerklüfteten, zum Teil überhängenden Felsen. Es wird gerne von Taucherinnen und Tauchern besucht wegen der schönen Felsformationen und glitzernden Steine am Flussgrund.

Gut dabeizuhaben & Sicherheit: Eine Taucher- oder Schwimmbrille mitbringen. Nur im mittleren und oberen Bereich des Beckens baden. Die Strömung kann im unteren Bereich, wo es sich verengt, stark werden.

Das untere Becken von Posse

ÖV > 🚌 Verzasca, Ai Poss > 🚶 5 min
🚶 ▶️

🚗 > 🅿️ 46.25227 8.84337 > 🚶 5 min
Auf der Talstrassse bis zum 🍴 Ri-
storante Posse (www.aiposse.ch, Tel.
+41 (0)91 746 17 96) bei der o. g.
Bushaltestelle 1 km talabwärts von der bekannten
Steinbogenbrücke von Lavertezzo fahren. 🚶 ▶️

▶️ Die Strasse hinuntergehen bis zum nächsten
Parkplatz (200 m). Dem kurzen Treppenweg an
die Verzasca hinunter folgen.

≋ 46.25124 8.84345

40. Posse: oberes Becken

Liegeflächen   Schwimmen   Wassertemp.   12.00–16.00 Uhr

Das Becken der Verzasca, das auch als Pozzo delle Posse 1 bekannt ist, liegt unmittelbar unterhalb des Stegs von Posse. Wie das untere Becken von Posse 39 liegt es unter überhängenden
Felsen, und man kann noch eine kleine Schlucht hochschwimmen. Es zieht aber mehr Gäste an,
weil es nur ein paar Schritte vom Parkplatz entfernt ist. Die Felsszenerie unter Wasser ist auch
hier fantastisch.

Das obere Becken bei Posse – unterhalb des Stegs

Gut dabeizuhaben & Sicherheit: Eine Taucher-
oder Schwimmbrille mitbringen. Nur im mittleren
und oberen Bereich des Beckens baden. Die
Strömung kann im unteren Bereich, wo es sich
verengt, stark werden.

ÖV > 🚌 Verzasca, Ai Poss > 🚶 3 min
🚶 ▶️

🚗 > 🅿️ 46.25227 8.84337 > 🚶 5 min
Auf der Talstrasse bis zum 🍴 Ristorante Posse bei der o. g. Bushaltestelle
1 km talabwärts von der bekannten
Steinbogenbrücke von Lavertezzo fahren (www.
aiposse.ch, Tel. +41 (0)91 746 17 96). 🚶 ▶️

▶️ Dem Treppenweg folgen. Er endet mit einer
kleinen Leiter.

≋ 46.25309 8.84276

LAVERTEZZO

Seine fotogene alte Doppel-Steinbogenbrücke (siehe S. 84f.) hat Lavertezzo zum bekanntesten, meistbesuchten Dorf des Verzascatals gemacht.

41. Lavertezzo: Pozz di Vacch

Liegeflächen   Schwimmen   Wassertemp.   9.00–16.30 Uhr

Die Verzasca fliesst durch ein 80 Meter langes Becken zwischen langgezogenen rundgeschliffenen Felsen in Orange- und Grautönen. Diese eignen sich als Liegeplätze und Absprungstellen.

Pozz di Vacch in Lavertezzo

ÖV > 🚏 Lavertezzo, Paese > 🚶 5 min
🚶 ▶|

🚗 > 🅿 46.25957 8.83773 > 🚶 5 min
Auf der Talstrasse bis in Sichtweite der Doppel-Steinbogenbrücke von Lavertezzo fahren und vor dem Haus des Tauchclubs («Gruppo Sub Verzasca», mit 🚻) parkieren. 🚶 ▶|

▶ Der Talstrasse bis zum Spielplatz gegenüber der Kirche talabwärts folgen (100 m). Auf der Wiese flussabwärts gehen bis zum letzten Haus und dort über die Felsen an die Verzasca hinuntersteigen.

≋ 46.25765 8.83871

< Das obere Becken von Posse - oberhalb des Stegs

Tipp

Riale di Pincascia: Ein wenig flussabwärts vom Pozz di Vacch mündet durch ein breites Bett ein Bergbach in die Verzasca. Folgt man ihm aufwärts, findet man mehrere schöne Becken und kann von einer drei Meter hohen Felswand ins Wasser springen.

Riale di Pincascia mit der Kirche von Lavertezzo

---

42. Lavertezzo: Pozzo dei Salti

Liegeflächen   Schwimmen   Wassertemp.   9.00–17.00 Uhr

Auf den Felsrippen am 100 Meter langen, klaren Becken unter der Doppel-Steinbogenbrücke Ponte dei Salti tummeln sich bei schönem Wetter Hunderte von Menschen. Darunter sind besonders viele Italienerinnen und Italiener: Seit ein Blogger die Flussstelle im Jahr 2017 in einem Youtube-Video als «Malediven Mailands» inszeniert hat, reisst der Autostrom von Mailand nach Lavertezzo nicht ab. Und weil die Brücke so fotogen ist, schwirrt meist noch ein Schwarm Drohnen darüber.

Gut dabeizuhaben: eine Taucher- oder Schwimmbrille, um die Felsen unter Wasser zu besichtigen

- -

ÖV > 🚌 Lavertezzo, Paese > 🚶 3 min
🚶 ▶|

🚗 > 🅿 46.25957 8.83773 > 🚶 5 min
Auf der Talstrasse bis in Sichtweite der Doppel-Steinbogenbrücke von Lavertezzo fahren und vor dem Haus des Tauchclubs («Gruppo Sub Verzasca», mit 🚾) parkieren. 🚶 ▶|

▶ Zur Steinbogenbrücke Ponte dei Salti hochgehen, sie überqueren und über die Felsen ans Wasser hinuntersteigen.

≈ 46.26001 8.83611

Tipp

Traditioneller Imbiss: Im kleinen 🍴 Grotto al Ponte (Tel. +41(0)91 746 12 77) rechtsufrig oberhalb der Ponte dei Salti werden unter Reben Käse und Salami aus der Region serviert.

Pozzo dei Salti in Lavertezzo >

Unterhalb der Brücke Ponte dei Salti in Lavertezzo

43. Aquino

Liegeflächen

Schwimmen

Wassertemp.

9.30–17.00 Uhr

Um den 30 Meter langen Kies-/Sandstrand am rechten Ufer zu erreichen, muss man erst durch die Verzasca waten – oder man nimmt ab Lavertezzo den rechtsufrigen Wanderweg (Anreise nach Lavertezzo siehe 42). Wem grosse Felsblöcke genauso recht sind, kann am linken Ufer bleiben.

Verzascastrand bei Aquino

ÖV > 🚌 Lavertezzo, Aquino > 🚶 5 min

🚶 Die Strasse hochgehen bis zum Beginn des Wegs (70 m) und diesem zum Parkplatz mit wc folgen. ▶|

🚗 > 🅿 46.26307 8.82574 > 🚶 1 min
Auf der Talstrasse bis zum Parkplatz 250 m oberhalb der o. g. Bushaltestelle fahren (1 km oberhalb Doppel-Steinbogenbrücke von Lavertezzo). 🚶 ▶|

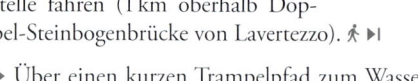

▶ Über einen kurzen Trampelpfad zum Wasser spazieren.

≈ 46.26287 8.82528

---

44. Ganne

Liegeflächen

Schwimmen

Wassertemp.

10.30–15.00 Uhr

Bei der Strassenbrücke von Ganne lockt die Verzasca mit einem Steinstrand und zwei Becken viel Volk an. Um dem Trubel auszuweichen, kann man flussaufwärts oder -abwärts spazieren. Immer wieder trifft man auf Stellen, an denen man baden und sich sonnen kann.

ÖV > 🚌 Brione (Verzasca), Ganne > 🚶 1 min
🚶 ▶|

🚗 > 🅿 46.28524 8.79952 > 🚶 1 min
Auf der Talstrasse bis zur o. g. Bushaltestelle bei der Verzascabrücke 4 km talaufwärts von Lavertezzo fahren, daneben wc. 🚶 ▶|

▶ Über den kurzen Trampelpfad bei der Brücke an die Verzasca hinuntergehen.

≈ 46.28545 8.80042

Tipp

Wolfsfalle von Ganne: Im 19. Jahrhundert wurden im Verzascatal Wölfe gefangen, um die Herden zu schützen. Bei der Haarnadelkurve oberhalb des Badeplatzes kann man sehen, wie das funktionierte. Man hob eine Grube («lüera») aus, kleidete sie mit einer Trockensteinmauer aus und verkleinerte die Öffnung. Als Köder steckte man ein lebendes Zicklein hinein. War der Wolf einmal in der Grube, schaffte er es nicht mehr heraus. Wer den Behörden eine Pfote brachte, bekam eine Belohnung.

Verzasca oberhalb der Strassenbrücke von Ganne

46 Val d'Osola bei Riale Longo, siehe S. 110

Alta Verzasca

Mit seinem langen Steinstrand ist Brione das Rimini des Verzascatals. Wer es ruhiger mag, wandert ins Val d'Osola. Dort locken unzählige türkisblaue Becken, die von sonnengewärmten Felsplatten gesäumt werden.

N
0   5 km

Val Redorta

Sonogno

Cascata la Froda, siehe S. 108

Verzasca

Frasco
51

Croce **50**

Gerra
(Verzasca) **49**

Pianascio di Fuori

48

Bolastro
47
Osura
46 Riale Longo

Val d'Osola

Valle Verzasca

Brione
(Verzasca) **45**

44

Verzasca

Alta Verzasca

45. Brione (Verzasca): Lanca in Soscarasca
46. Val d'Osola – Riale Longo
47. Val d'Osola – Bolastro
48. Val d'Osola – Pianascio di Fuori
49. Gerra (Verzasca): Cascata di Val Mött
50. Croce
51. Frasco: Cascata d'Efra und Pozz Negro

Bassa Verzasca,
siehe S. 85

Infos zur Region

Ufficio turistico Tenero e Valle Verzasca:
www.ascona-locarno.com > Suchfeld: Verzascatal
Tel. +41(0)91 759 77 44
ⓘ siehe S. 86

45
46
47
48
49
50
51

BADEN & BIKEN

Brione – Sonogno (talaufwärts) / Alta Verzasca Bike, 2 h (9 km):
Die Route 399 (markiert) im oberen Verzascatal bietet einen Mix aus Singletrails und Schotterwegen mit leichtem Auf und Ab. Mehrere Male überquert man den Fluss Verzasca. Beim Startort Brione (Verzasca) liegt der grosse Steinstrand von Soscarasca 45, es folgen der Wasserfall des Val Mött 49 (kleiner Abstecher) und die Becken von Croce 50 und Frasco 51 (kleiner Abstecher). Das Endziel Sonogno hat einen hübschen historischen Dorfkern. Man kann von dort auch noch ins Val Redorta hineinfahren. Nach 1,3 Kilometern auf der Talstrasse – mit ♯ Grotto Efra (www.grottoefra.ch, Tel. +41 (0)91 746 11 73) – biegt man über einen Steg ab und folgt dem kleinen Weg den Hang hoch zur schattigen, mystisch anmutenden ★ Cascata la Froda (♀ 46.34728 8.77104). Am Ende der Talstrasse (nach weiteren 1,3 km) findet man auf einem Abschnitt von bis 100 Metern bachaufwärts noch ein paar kleine Bade- und Planschbecken. Zurück nach Brione strampelt man auf der gleichen Route oder nimmt den Bus.

Mountainbike-Miete: My Verzasca, Brione (www.myverzasca.ch, Tel. +41 (0)79 226 42 86)

45. Brione (Verzasca): Lanca in Soscarasca

Liegeflächen   Schwimmen   Wassertemp.   10.00–18.30 Uhr

Der grosse, schattenlose Stein-/Kiesstrand am rechten Ufer der Verzasca ist beliebt. Das Becken ist tiefer, als es aussieht, und wird auch gerne von Taucherinnen und Tauchern besucht. Am linken Ufer liegt ein 20 Meter langer Sandstrand.

Die Lanca bei Brione (Verzasca)

ÖV > 🚌 Brione (Verzasca), Pie > 🚶 5 min

🚶 Der schmalen Seitenstrasse, die am unteren Rand des Restaurant-Parkplatzes beginnt, zum öffentlichen Parkplatz mit [wc] hinunter folgen. ▸❙

🚗 > 🅿 46.29149 8.79464 > 🚶 5 min

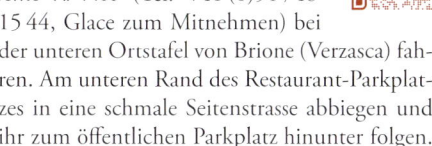

Auf der Talstrasse bis zum 🍴 Ristorante Ai Piee (Tel. +41 (0)91 746 15 44, Glace zum Mitnehmen) bei der unteren Ortstafel von Brione (Verzasca) fahren. Am unteren Rand des Restaurant-Parkplatzes in eine schmale Seitenstrasse abbiegen und ihr zum öffentlichen Parkplatz hinunter folgen. 🚶 ▸❙

▸❙ Dem Weg flussaufwärts bis zur Mitte des Sportplatzes folgen (150 m), über einen Trampelpfad zum Strand gehen. Zum Sandstrand am gegenüberliegenden Ufer gelangt man über den linksufrigen Uferweg, der beim Steg gegenüber dem Restaurant beginnt.

≈ 46.29343 8.79509

VAL D'OSOLA

Viele schöne, kalte Becken zeichnen dieses wilde, schmale Tal aus. Zum Aufwärmen kann man sich auf grosse Felsplatten legen. Auf der Talstrasse gilt ein Fahrverbot.

46. Val d'Osola – Riale Longo

Liegeflächen   Schwimmen   Wassertemp.   10.00–18.00 Uhr

Das Ufer dieses Badeplatzes besteht aus einer 160 Meter langen, tiefen Felsenplatte. Er ist darum top für Menschen mit zarten Füssen. Bäume bieten etwas Schatten. Man kann sich auch in kleine Sprudelbecken setzen.

Bei Riale Longo im Val d'Osola

ÖV > 🚆 Brione (Verzasca), Paese > 🚶 35 min
🚶 ▶️

🚗 > 🅿️ 46.29724 8.79148 > 🚶 35 min
Auf der Talstrasse des Valle Verzasca bis zum Parkplatz bei der o. g. Bushaltestelle fahren. 🚶 ▶️

▶️ An der Kirche vorbei ins Val d'Osola spazieren bis unmittelbar nach einer kleinen Strassenbrücke über einen Bach (2,3 km). Auf einem kurzen Trampelpfad zu den Steinplatten am Ufer hinuntergehen.

≋ 46.30270 8.76459

47. Val d'Osola – Bolastro

Liegeflächen

Schwimmen

Wassertemp.

9.30–16.30 Uhr

Hier fliesst die Osura durch ein paar kleinere und ein tiefes Becken. Glattgeschliffene Felsplatten am Rand, ein Felsen zum Springen, eine Wiese, die sanft zum Ufer hin abfällt, und ein Holztisch und Bänke zum Picknicken runden das Badeplatzpaket ab.

Alta Verzasca

Bei Bolastro im Val d'Osola

Bei Bolastro im Val d'Osola

ÖV > 🚌 Brione (Verzasca), Paese > 🚶 40 min
🚶 ▶|

🚗 > 🅿 46.29724 8.79148 > 🚶 35 min
Auf der Talstrasse des Valle Verzasca bis zum Parkplatz bei der o. g. Bushaltestelle fahren. 🚶 ▶|

▶ An der Kirche vorbei auf der asphaltierten Strasse ins Val d'Osola spazieren bis zu einem Parkplatz linker Hand für 10 Autos mit Blick auf den Fluss Osura (2,8 km).

≈ 46.30446 8.76105

Tipp

Mit dem Velo ins Val d'Osola: bei heissem Wetter mit Wind in den Haaren zum Badeplatz pedalen statt schweisstreibend wandern, Velomiete in Brione (Verzasca) siehe S. 108

48. Val d'Osola – Pianascio di Fuori

Liegeflächen

Schwimmen

Wassertemp.

9.00–18.00 Uhr

Vier Becken der Osura liegen übereinander zwischen riesigen, oben flachen Felsen. Ein Highlight ist eine zwei Meter lange Rutsche. Das unterste Becken ≋ liegt unmittelbar unter eines Hängestegs.

Die Rutsche bei Pianascio di Fuori im Val d'Osola

Sicherheit: Vorsicht beim Rutschen, siehe auch S. 258. Es empfiehlt sich, ein Seilstück mitzunehmen, denn das Becken unter der Rutsche ist glitschig. Mit einem Seil und Unterstützung eines Freundes, einer Freundin kommt man besser bzw. überhaupt erst wieder daraus heraus.

ÖV > 🚌 Brione (Verzasca), Paese > 🚶 60 min
🚶 ▶I

🚗 > 🅿 46.29724 8.79148 > 🚶 35 min
Auf der Talstrasse des Valle Verzasca bis zum Parkplatz bei der o. g. Bushaltestelle fahren. 🚶 ▶I

▶ An der Kirche vorbei auf der asphaltierten Strasse ins Val d'Osola spazieren bis zur Stelle, wo die Strasse frontal auf ein Haus zuführt und nach rechts abdreht (4 km). Dort über das Grasbord ans Ufer hinuntergehen.

≋ 46.30876 8.74642

< Sprung ins tiefe Becken von Bolastro

Im Val d'Osola bei Pianascio di Fuori

49. Gerra (Verzasca): Cascata di Val Mött

Liegeflächen

Schwimmen

Wassertemp.

12.00–16.30 Uhr

Der Bergbach Riale di Val Mött fliesst durch ein steiles Bachbett mit riesigen Felsblöcken in die Verzasca hinunter. Wenn man es hochkraxelt, erreicht man einen 50 Meter hohen, dünnen, stiebenden Wasserfall, in dem sich Regenbögen bilden. Ein kleines Stück unterhalb liegt ein kleines Badebecken. Der Fall ist auch als Cascata Froda di Gerra Verzasca bekannt.

Cascata di Val Mött bei Gerra

ÖV > 🚌 Gerra (Verzasca), Al Ponte > 🚶 ⚠ 30 min
🚶 ▶

🚗 > 🅿 46.31902 8.80320 > 🚶 ⚠ 30 min
Auf der Talstrasse bis zum Parkplatz bei der o.g. Bushaltestelle fahren (3 km oberhalb Brione). 🚶 ▶

▶ Dem Wegweiser zu Wanderweg 74 über den Verzasca-Steg folgen und flussabwärts zu einem Steg über einen Seitenbach (400 m). In dessen Bett zum Wasserfall hochkraxeln.

≈ 46.31483 8.80618

Im Sprühnebel der Cascata di Val Mött >

50. Croce

Liegeflächen

Schwimmen

Wassertemp.

10.00–16.00 Uhr

Neben einem riesigen Felsblock liegt ein türkisblaues Badebecken der Verzasca mit einem kleinen Strand.

Verzascabecken bei Croce

ÖV > 🚌 Gerra (Verzasca), Croce > 🚶 20 min
🚶 ▶️

🚗 > 🅿️ 46.33032 8.80318 > 🚶 20 min
Auf der Talstrasse bis zum Parkplatz bei der o. g. Bushaltestelle fahren.
🚶 ▶️

▶️ 30 m die Sackgasse hinuntergehen, dann links in die Wiese abbiegen und etwa 40 m weitergehen bis zu einer rinnenartigen Vertiefung. Dieser ans Verzascaufer hinunter folgen, wo man durch eine Lücke im Ufergebüsch gut ins Bachbett hinabsteigen kann. Über die Steine flussaufwärts wandern bis zu einem etwa 4 Meter hohen Felsen mit quadratischer Front (110 m).

≈ 46.33011 8.80490

51. Frasco: Cascata d'Efra und Pozz negro

| Liegeflächen | Schwimmen | Wassertemp. | 13.00–17.00 Uhr |

Den Wasserfall des Riale d'Efra sieht man schon von der Strasse aus. Dass unter der Brücke ein grosses, tiefes Becken liegt, lässt sich nicht erahnen. Mit seinen überhängenden Felsen wirkt es wie eine riesige Grotte. Ist man einmal an seinem Rand, bekommt man von der Strasse kaum etwas mit. Zum Sonnenbaden eignet sich eine Stelle ein paar Schritte bachabwärts.

Gut dabeizuhaben: Eine Gartenschere ist nützlich, um den engen Durchgang bei dem u. g. Kraftwerkshäuschen von Dornenzweigen freizuschneiden.

Das «schwarze Becken» in Frasco

Tipp

Mühle von Frasco: Im Haus («Mulino») bei der Strassenbrücke kann man beobachten, wie der Bach einst genutzt wurde, um Getreide zu mahlen. Infos: www.museovalverzasca.ch, Tel. +41(0)91 746 17 77

ÖV > 🚉 Frasco, Paese > 🚶 ⚠ 5 min
Der Strasse talabwärts folgen. 🚶 ▶|

🚗 > 🅿 46.33746 8.80579 > 🚶 ⚠ 10 min
Auf der Talstrasse bis nach Frasco fahren, zu einem Parkplatz 30 m talabwärts von der Strassenbrücke mit Wegkapelle. 🚶 Die Brücke überqueren. ▶|

▶| Ein paar Schritte talaufwärts von der Brücke nimmt man dieTreppe hangabwärts. Man zwängt sich durch den Spalt zwischen Kraftwerkshäuschen und Brückenstützmauer und geht bachaufwärts.

≈ 46.33779 8.80622

55 Maggiaschlucht bei Ponte Brolla, siehe S. 131ff.

Bassa Vallemaggia

Das untere Maggiatal bietet Top-Attraktionen für jeden Geschmack. Am bekanntesten sind die Sandbucht von Tegna und die Maggiaschlucht bei Ponte Brolla. Talaufwärts kann man magische Wasserfallbecken entdecken.

N 0   5 km

Alta Vallemaggia,
siehe S. 155

Cavergno
68

Bignasco
67

66

Cevio

Riveo
65

Someo

V
a
l
l
e   Maggia
m
a
g
g
i
a

Giumaglio
64

63

Lodano

62

61 Maggia

Bassa
Vallemaggia

Aurigeno
60

Ronchini

59

58

Gordevio

57

52. Losone: Pozzo del Meriggio
53. Pozzo di Tegna
54. Ponte Brolla: Sass Lisc
55. Ponte Brolla: Orrido
56. Avegno: Spiaggia al Cort
57. Gordevio: oberhalb der Ponte dell'Ovi
58. Gordevio: Pozzo di Sant'Antonio
59. Aurigeno: Ponte Romano
60. Aurigeno: Cadumpan
61. Pozz Maggia
62. Maggia: Cascata del Salto
63. Lodano
64. Giumaglio: Pozz Froda
65. Riveo: Cascata delle Sponde
66. Cevio
67. Bignasco: Cascata Grande
68. Cavergno: Gola del Lupo

Avegno
ⓘ
56

Tegna
55
53 **54** Ponte Brolla
Intragna **92** **52**

Centovalli   Melezza

Centovalli,
siehe S. 193

LOSONE

ASCONA

Lago
Maggiore

Lago Maggiore,
siehe S. 209

A13

LOCARNO

97

99 **98**

Infos zur Region

Ufficio turistico Vallemaggia:
www.ascona-locarno.com > Vallemaggia
Tel. +41(0)848 091091
ⓘ **Avegno:** hinter der City-Tankstelle,
📍46.19856 8.74971, 🚌 Avegno di fuori

BADEN & WANDERN

Cevio / Sentiero dei Grotti (Rundtour), 45 min (1 km):

Der «Weg der Grotti» im bewaldeten Felssturzgebiet bei Cevio (🚌 Cevio, centro scolastico, 🅿 46.32063 8.60253) führt am 🍴 Grotto Franci (siehe 66, Tipps) und an 60 historischen Felsenkellern vorbei, in denen früher Wein und Käse gelagert wurden. Er beginnt beim Museo di Valmaggia (www.museovalmaggia.ch, Tel. +41 (0)91 745 13 40), wo Infoblätter dazu bereitliegen. Am Schluss der Tour kann man zu einer schönen Badestelle an der Maggia weiterspazieren (66, 20 min). Dafür der Talstrasse 300 Meter südwärts folgen bis zur Abbiegung ins Dorf Cevio, dann 500 Meter dem Wanderweg.

Infos zum Lehrpfad: www.google.com > Suchfeld: Sentiero dei Grotti

BADEN & VELOFAHREN

Gordevio – Someo (talaufwärts), 1 h 15 min (10 km):

Im Maggiatal radelt man entspannter auf den Nebenstrassen auf der westlichen Talseite als auf dem Veloweg auf der östlichen Talseite, weil jener unmittelbar neben der stark befahrenen Talstrasse verläuft. Die Route führt ab Gordevio (Anreise siehe 57) durch den Auenwald an der Maggia, bevor man über einen Hängesteg die Maggia überquert. Auf der westlichen Talseite geht's auf ruhigen Nebenstrassen weiter talaufwärts. An den folgenden Orten kann man ins Wasser springen: Gordevio 57 und 58, Ronchini (tiefere Stelle unter dem Maggiasteg, 📍 46.23126 8.72267), Aurigeno 59 und 60, Moghegno (tiefere Stelle unter der Maggiabrücke, 📍 46.23933 8.71424), Maggia 61 und Lodano 63. Dann überquert man die Maggiabrücke und kann als Nächstes den Pozz froda in Giumaglio 64 anpeilen. Von dort geht es bis Someo noch rund 2 Kilometer auf der Veloroute 31 talaufwärts.

Velomiete in Gordevio über Velospot oder Rentabike (Tel. +41 (0)91 753 14 44), siehe auch S. 263, Rückgabe von Velospot-Velos in Someo, von Rentabike-Velos in Gordevio (ab Someo auf der Talstrasse zurückfahren)

52. Losone: Pozzo del Meriggio

Liegeflächen

Schwimmen

Wassertemp.

9.00–19.30 Uhr

An diesem 500 Meter langen Stein-/Sandstrand an der Maggia mit etwas Schatten von Auengehölzen ist meist viel los. Dahinter liegt eine grosse Wiese mit einem Beachvolleyball-Feld, Fussballtoren, Grills, Tischen und Bänken. Leider sieht und hört man die Talstrasse, die am gegenüberliegenden Ufer verläuft.

Maggiabecken Pozzo del Meriggio bei Losone

ÖV > 🚌 Losone, Arbigo > 🚶 15 min

🚶 Rechts (bzw. vom Centovalli her links) in die Quartierstrasse Via Gratello einbiegen und geradeaus bis zum Bach gehen (800 m). Dem Uferweg zum Parkplatz folgen. ▷

🚗 > 🅿 46.17835 8.75720 > 🚶 3 min
Im Locarno-Umfahrungstunnel Richtung «Losone» halten. Im untersten Kreisverkehr von Losone (bei der Maggiabrücke, über die man in das Vallemaggia fährt) dem Wegweiser «Losone» folgen, vorbei am Einkaufszentrum Mercato Cattori, im nächstoberen Kreisverkehr dann dem Wegweiser «Caserma». 800 m weiterfahren bis zur o. g. Bushaltestelle und rechts in die Via Gratello einbiegen. Geradeaus halten bis zur Einbahnstrasse, rechts abbiegen und gleich wieder links halten. Dann noch 500 m geradeaus fahren zum Parkplatz mit 🍸 Bar Hola Chico Merisc. (Dieser Parkplatz ist oft schon mittags voll. Zum anderen zum Strand gehörenden Parkplatz gelangt man, indem man zur Hauptstrasse zurückfährt, dann zum nächstoberen Kreisverkehr, von wo er als «P Meriggio» ausgeschildert ist, 🅿 46.17581 8.75161. Der Weg zum Strand ist beschildert.) 🚶 ▷

▷ Über die Wiese zum Strand gehen.

≋ 46.17991 8.75923

Tipp

Schattige Grotti: Am Ortsrand von Losone Richtung Ascona, 6 Minuten mit dem Auto vom Strand entfernt, liegen ein paar nette Grotti. Einen besonders guten Ruf hat das 🍴 Grottino Ticinese (www.grottino-ticinese.ch, Tel. +41(0)91 791 32 30, 🅿 46.16345 8.76280). In der Nähe befinden sich das 🍴 Grotto Broggini (www.ristoranti-ff.ch, Tel. +41(0)91 791 15 67, 🅿 46.16289 8.76474), mit Spielplatz, die 🍴 Osteria Grotto Contrattempi (www.grottocontratempi.ch, Tel. +41(0)91 745 20 11, 🅿 46.16354 8.76231) und das 🍴 Grotto Raffael (www.grottoraffael.ch, Tel. +41(0)91 791 15 29, 🅿 46.16816 8.75618), mit Spielplatz. Für alle Grotti fährt man in Losone die Strasse, an der das Einkaufszentrum Mercato Cattori liegt, hoch. Dann Richtung «Ascona» und noch einige hundert Meter weiter.

Pozzo del Meriggio bei Losone

53. Pozzo di Tegna

Liegeflächen

Schwimmen

Wassertemp.

8.30–18.30 Uhr

Die riesige natürliche Sandbucht an einer Biegung der Maggia ist der grösste und schönste Flussstrand des Tessins. Das Wasser wird darin oft über 22 Grad warm. Man blickt auf einen grossen Wasserfall, und hohe Bäume spenden Schatten. Der Idylle der Szenerie etwas abträglich ist ein Kraftwerksgebäude mit Druckstollen. Besonders während der Sommerferienzeit ist am Pozzo di Tegna viel los. Wer es ruhiger mag, kann zu kleinen Maggia-Stränden flussabwärts weiterschlendern. Am bekanntesten ist das Paradiso dei Cavalli («Pferdeparadies», 450 m). Die Maggia ist dort ebenfalls tief genug zum Schwimmen, aber kühler als im stehenden Pozzo in der Bucht.

Pozzo di Tegna unterhalb der Maggiaschlucht 55

ÖV > 🚉 Tegna > 🚶 10 min

🚶 Talseitig der Geleise folgt man dem Weg Vicolo Barbate, dann der Strasse abwärts, bis es nur noch nach links weitergeht, dann jener Strasse zum grossen Parkplatz. ▶️

🚗 > 🅿️ 46.18444 8.74850 > 🚶 1 min

Auf der Talstrasse fährt man bis zum Bahnübergang in Ponte Brolla und biegt dort über die Maggiabrücke Richtung «Centovalli» ab. Nach 600 m, in Tegna, biegt man hangabwärts Richtung «Campo sportivo» ab und folgt der Strasse zum Parkplatz mit Kiosk und 🚻 hinunter. 🚶 ▶️

▶️ Ein Trampelpfad führt durch den Wald zum Strand (60 m).

≈ 46.18580 8.74947

Der Wasserfall beim Pozzo di Tegna >

54. Ponte Brolla: Sass Lisc

Liegeflächen   Schwimmen   Wassertemp.   9.00–19.30 Uhr

Das 150 Meter lange Felsenbecken der Maggia liegt unterhalb eines Kraftwerks, zwischen der Schlucht von Ponte Brolla 55 und dem grossen Sandstrand des Pozzo di Tegna 53, zu dem man hinüberschwimmen kann (100 m). Am unteren Ende des Beckens ergiesst sich ein 10 Meter hoher Wasserfall in die Maggia. Schatten ist kaum vorhanden.

Beim Felsen Sass Lisc bei Ponte Brolla

ÖV > 🚆 Ponte Brolla oder 🚌 Ponte Brolla,
Stazione > 🚶 5 min
🚶 ▶|

🚗 > 🅿 46.18757 8.75696 > 🚶 5 min
Auf der Talstrasse bis zum Parkplatz
400 m oberhalb des Bahnübergangs
von Ponte Brolla fahren. 🚶 ▶|

▶ Die Strasse hinuntergehen bis in die Kurve
unterhalb des Bahnübergangs und dort dem
Trampelpfad hangabwärts folgen, zuerst einen
Holzzaun entlang, dann über die Felsen an die
Maggia.

≈ 46.18631 8.75065

55. Ponte Brolla: Orrido

Liegeflächen   Schwimmen   Wassertemp.   10.00–17.30 Uhr

Die Felsformationen der Maggiaschlucht von Ponte Brolla, die auch als Gola della Maggia bekannt ist, sind von dramatischer Schönheit. Besonders im Hochsommer ziehen sie viele Besucherinnen und Besucher an. Unter den zum Teil überhängenden Felsen kann man bis zur ehemaligen Eisenbahnbrücke hochschwimmen. Die Schlucht ist auch zum Springen beliebt, und hier finden die Weltmeisterschaften im Klippenspringen statt. Am Wasser sind nur wenige Liegeflächen vorhanden, man kann sich aber auf den hohen Felsen über dem rechten Ufer ausbreiten. Oberhalb der Eisenbahnbrücke findet man noch Badebecken in offenerem Gelände.

In der Maggiaschlucht bei Ponte Brolla

Sicherheit: Die Maggiaschlucht sollte man nur bei stabiler Wetterlage besuchen (für Wettervorhersagen siehe S. 257, Kasten «Droht ein Gewitter?»). Regenfälle nach Gewittern – auch solchen weit oben im Einzugsgebiet, von denen man in Ponte Brolla nichts mitbekommt – können die Maggia innerhalb kurzer Zeit stark anschwellen und reissend werden lassen. Aber auch bei schönem Wetter hat die Maggiaschlucht ihre Tücken. Mancherorts ragen unter der Wasseroberfläche Felsvorsprünge in die Becken hinein. In seltenen Fällen lässt die Kraftwerksgesellschaft AET bei schönem Wetter mehr Wasser die Schlucht hinunter. Man sollte deshalb auf einen Wasseranstieg achten und den Ort gegebenenfalls schnell verlassen. Ausserdem sollte der 50 Meter lange Abschnitt direkt oberhalb der Strassenbrücke Ponte Brolla – Tegna bei stärkerem Abfluss gemieden werden. Badende können in die Wasserwalzen unter dem Wasserfall gezogen werden. Nicht zuletzt sollte man darauf verzichten, Klippenspringerinnen- und springern nachzueifern, indem man sich ohne entsprechende Erfahrung von hohen Felsen in die Maggia hinunterwirft, womöglich mit angetrunkenem Mut. Die meisten Personen, die dort beeindruckende Sprünge vollführen, haben ein jahrelanges Training in einem einschlägigen Club hinter sich. Siehe auch S. 258, «Springen».

Ein Sprungfelsen in der Maggiaschlucht

ÖV > 🚋 Ponte Brolla oder 🚌 Ponte Brolla, Stazione > 🚶 10 min
🚶 Die Talstrasse hochgehen bis zum Parkplatz (400 m). ▶|

🚗 > 🅿 46.18757 8.75696 > 🚶 5 min
Auf der Talstrasse bis zum Parkplatz 400 m oberhalb des Bahnübergangs von Ponte Brolla fahren. 🚶 ▶|

▶ Dem Trampelpfad, der am Parkplatz beginnt, in die Schlucht hinunter folgen. Zuletzt kraxelt man über Felsen ans Wasser hinunter.

〰 **46.18743 8.75645**

Tipp

Tessiner Spezialitäten: In Ponte Brolla liegt eine der längsten Fressmeilen des Tessins. Sie beginnt beim Bahnübergang mit der 🍴 **Osteria all'Orrido** (www.osteriaorrido.com, Tel. +41(0)91 780 73 77) mit Blick in die Schlucht. Auf der anderen Seite der Brücke Ponte Brolla–Tegna steht die herrschaftliche Villa des 🍴 **Albergo-Ristorante Centovalli** (www.ristorante-centovalli.ch, Tel. +41(0)91 796 14 44). Daneben befinden sich 🍴 **Albergo-Ristorante Al Castagneto** (Tel. +41(0)91 796 14 19) mit blumengeschmückter Terrasse und das schicke 🍴 **Ristorante da Enzo** (www.ristorantedaenzo.ch, Tel. +41(0)91 796 14 75) mit gepflegtem terrassiertem Garten. Zuhinterst steht das einfache kleine 🍴 **Grotto America** (www.grottoamerica.ch, Tel. +41(0)91 796 23 70), wo abends manchmal Konzerte stattfinden. Zu Fuss erreicht man alle Restaurants auch über die ehemalige Eisenbahnbrücke am oberen Ende der Schlucht.

In der Maggiaschlucht bei Ponte Brolla

56. Avegno: Spiaggia al Cort

| Liegeflächen | Schwimmen | Wassertemp. | 9.30–18.00 Uhr |

Der 100 Meter lange Sandstrand ist nach dem Pozzo di Tegna 53 der zweitbeliebteste Badeplatz an der Maggia. Das recht tiefe Becken liegt in einer Flussbiegung. Von einem Felsen kann man auch springen. Leider hört man die Talstrasse ein wenig. Wer es ruhiger mag, kann flussaufwärts- oder -abwärts zu weiteren Becken spazieren oder sich in die nette Beachbar Kibanda zurückziehen. Ihretwegen wird der Strand auch «Kibanda di Avegno» genannt. Weil Schattenplätze rar sind, lohnt es sich, seinen eigenen Sonnenschirm mitzubringen.

Spiagga al Cort bei Avegno

ÖV > 🚋 Ponte Brolla oder 🚌 Ponte Brolla, Stazione > 🚶 20 min

🚶 Der Strasse 1 km talaufwärts folgen bis zur 🍽 Beach Bar Kibanda (1 km). ▶︎

🚗 > 🅿 46.19453 8.75329 > 🚶 5 min

Auf der Talstrasse bis zur etwa 8 m hohen Steinsäule zwischen Ponte Brolla und Avegno fahren und in den Parkplatz mit 🚻 abbiegen. 🚶 Dem Weg talabwärts zur o. g. Beachbar (200 m) folgen. ▶︎

▶ Den kleinen Trampelpfad zum Maggiaufer nehmen.

🏊 46.19304 8.75378

Tipp

Grosse Grotti: 2,5 Kilometer taleinwärts von diesem Strand – in Gehdistanz von 🚌 Avegno, Grotti – liegen nebeneinander an der Talstrasse das einfache 🍽 Antico Grotto Mai Morire (www.grottomaimorire.ch, Tel. +41(0)91 796 15 37, 🅿 46.21111 8.74528) mit ein paar Spielgeräten und das 🍽 Grotto al Bosco (Tel. +41(0)91 780 74 21, 🅿 46.21153 8.74527). Gediegener und etwas ruhiger, da von der Strasse zurückversetzt, ist das 🍽 Grotto Valmaggese (www.grottovalmaggese.ch, Tel. +41(0)91 796 23 08, 🅿 46.21412 8.74531).

57. Gordevio: oberhalb der Ponte dell'Ovi

Liegeflächen

Schwimmen

Wassertemp.

12.00–14.00, 16.00–19.30 Uhr

Diesen Abenteuerspielplatz in der Schlucht Val Grande kennen fast nur Canyoningfans. Die Hauptattraktion ist ein leuchtend grünes Becken ≋ des Riale della Val Grande unter einer farnbewachsenen Felswand. Man wähnt sich im Dschungel. Es ist nur durch das glitschige, felsige Bachbett zu erreichen, mit seinen markanten Streifenmustern ist dieses aber selbst schon eine Attraktion. Bachabwärts gibt es noch ein paar kleinere Becken und eine Felsenrutsche zu entdecken.

Das grüne Becken im Val Grande bei Gordevio

ÖV > 🚌 Gordevio > 🚶 ⚠ 25 min
🚶 Die Talstrasse hinuntergehen bis zur Ortstafel (500 m). ▶︎

🚗 > 🅿 46.22159 8.74622 > 🚶 ⚠ 25 min
Auf der Talstrasse bis 100 m talabwärts von der unteren Ortstafel von Gordevio fahren. Hangwärts abbiegen und unmittelbar danach parkieren. 🚶 Zur Ortstafel hochspazieren. ▶︎

▶︎ Dem Feldweg ins Seitental folgen, vorbei an einem Bauernhof bis zu den Werkstattgebäuden einer ehemaligen Schreinerei (600 m). Gegenüber der Betonmauer an einem der Gebäude auf den Trampelpfad abbiegen, der parallel zum Bach den Waldhang hochführt. Nach etwa 100 m Wegspuren folgend ins Bachbett hinabsteigen und darin zum grünen Becken hochwaten.

Oberhalb der Steinbrücke Ponte dell'Ovi bei Gordevio

Kleine Becken oberhalb der Ponte dell'Ovi (5 min unter grünem Becken)

Hübsche kleine Becken und eine 3 Meter lange Felsenrutsche im gestreiften felsigen Bachbett oberhalb der Ponte dell'Ovi. Die unteren Becken erreicht man vom grünen Becken her kraxelnd über das linke Ufer, an dessen Felsen ein Fixseil befestigt ist. Oder man bleibt bei der Schreinerei, wo man hergekommen ist, auf dem Wanderweg. Nach der kleinen Steinbrücke Ponte dell'Ovi geht man ein paar Schritte die Strasse hoch bis zur ersten Kurve. Dort kann man einfach ins Bachbett einsteigen. Ab der Barriere beim Parkplatz erreicht man jene Stelle auch direkt, indem man der Strasse das Val Grande hoch folgt.

≋ 46.22285 8.75312

Pozzo del Ponte dell'Ovi (10 min unter grünem Becken)

Das ovale Becken unter der kleinen Steinbrücke ist schattig, aber hübsch und fotogen. Man erreicht es über einen Trampelpfad, der am rechten Ufer 60 Meter unterhalb der in der Wegbeschreibung (S. 136) genannten Schreinerei beginnt.

Pozzo del Ponte dell'Ovi

58. Gordevio: Pozzo di Sant'Antonio

Liegeflächen

Schwimmen

Wassertemp.

10.00–18.30 Uhr

Eine alte Steinbogenbrücke überspannt einen kleinen Felsschlitz, durch den der Riale Brie fliesst. Man kann hineinwaten, sich im Wasserfall abkühlen und dann auf dem grossen Felsen bei der Brücke trocknen lassen. Schatten ist nicht vorhanden.

Pozzo di Sant'Antonio in Gordevio

Felsschlitz oberhalb der Steinbrücke

ÖV > 🚌 Gordevio > 🚶 10 min

🚶 Ab der Fussgängerinsel in der Talstrasse der Wanderwegweisung «Archeggio» zu einer kleiner Kirche folgen (500 m). ▶I

🚗 > P 46.22881 8.74533 > 🚶 1 min

Auf der Talstrasse bis zur o. g. Bushaltestelle (in der Seitenstrasse daneben [wc]) fahren. Bei der Fussgängerinsel die Strasse ins Dorf hoch nehmen. Bei der ersten Verzweigung (250 m) links halten, dann gleich wieder rechts und weiter den Hang hoch bis zu einer kleinen Kirche mit ein paar Parkplätzen. 🚶 ▶I

▶I Zum Becken unter der Steinbrücke hinuntersteigen.

≋ 46.22891 8.74556

Tipps

Waschhaus: Am linken Ufer 40 Meter bachabwärts von der Steinbrücke beim Badeplatz steht ein historisches «lavatoio», das einen Blick lohnt.
Bier-Garten: Das 🍴 Ristorante Unione liegt in der Nähe des Badeplatzes und hat einen einladenden grossen Garten (www.ristoranteunione.ch, Tel. +41(0)91 753 25 98).
Gelati in der Dorfbar: Die 🍸 Bar Portico an der Talstrasse in Gordevio, 160 Meter talaufwärts von der l. g. Bushaltestelle, hat eine grosse Auswahl an Glacen und eine schattige Terrasse.

59. Aurigeno: Ponte Romano

Liegeflächen   Schwimmen   Wassertemp.   9.00–11.00 Uhr

Das grüne Waldbecken des Ri della Terra di Fuori liegt oberhalb der kleinen alten Steinbrücke (Ponte romano) im Ortsteil Terra di Fuori. Kinder können am kiesigen Bachufer spielen und in seichten kleinen Becken planschen.

Ponte Romano bei Aurigeno

Das kleine Badebecken oberhalb der Ponte Romano

ÖV > 🚌 Ronchini, Paese > 🚶 30 min

🚶 Dem Wanderwegweiser «Aurigeno» folgen und den Maggiasteg überqueren. Um auf einem schattigen Waldweg statt auf der sonnigen Strasse zu wandern, nach dem Steg links halten (der Wanderwegweiser zeigt geradeaus) und ihm bis zu einem Parkplatz mit Brunnen folgen (750 m). ▶|

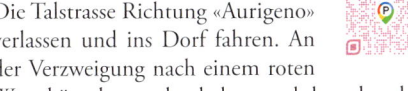 46.22619 8.72388 > 🚶 10 min
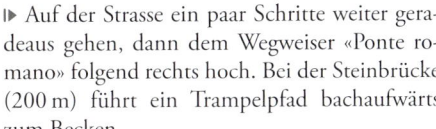
Die Talstrasse Richtung «Aurigeno» verlassen und ins Dorf fahren. An der Verzweigung nach einem roten Wartehäuschen rechts halten und der schmalen Strasse bis zu einem Parkplatz mit Brunnen folgen (1,3 km). 🚶 ▶

▶ Auf der Strasse ein paar Schritte weiter geradeaus gehen, dann dem Wegweiser «Ponte romano» folgend rechts hoch. Bei der Steinbrücke (200 m) führt ein Trampelpfad bachaufwärts zum Becken.

≋ 46.22596 8.72163

60. Aurigeno: Cadumpan

Liegeflächen   Schwimmen   Wassertemp.   11.30–13.00, 14.00–15.30 Uhr

Das schattige, schöne Wasserfallbecken des Ri di Dentro wirkt wie ein Grotte, weil es von Felsen umschlossen ist. Zum Sonnen kann man sich auf die mannshohen Felsblöcke am Rand oder auf Kiesstellen am Bachufer setzen.

Wasserfallbecken Cadumpan bei Aurigeno

ÖV > 🚌 Aurigeno-Moghegno > 🚶 25 min
🚶 Die Maggiabrücke überqueren, links abbiegen und der Strasse bis zu einem Parkplatz folgen (350 m). Den dort beginnenden Weg nehmen und ihm 700 m bachaufwärts folgen. ▶

 46.23184 8.71209 > 🚶 10 min
Die Talstrasse Richtung «Aurigeno» verlassen und ins Dorf fahren. Hinter einer Linksbiegung mit rotem Wartehäuschen parkieren. 🚶 Dem Wanderweg hangaufwärts folgen bis zu einer Verzweigung (100 m). Rechts halten und im Wald dem Bachuferweg aufwärts folgen. ▶

▶ Bei einem 3 Meter hohen Felsblock zum Wasserfallbecken hinuntersteigen.

≋ 46.23173 8.70819

61. Pozz Maggia

Liegeflächen   Schwimmen   Wassertemp.   8.30–18.30 Uhr

Der Stein-/Kiesstrand an der Maggia ist 100 Meter lang. Hinter dem Badebecken erhebt sich eine kleine Felswand, von der man runterspringen kann. Ein Kiosk versorgt die vielen Besucherinnen und Besucher mit Glace und kühlen Getränken. Blickt man flussabwärts, sieht man einen schlangenartig gewundenen, filigranen Steg über die Maggia.

Gut dabeizuhaben: Um bequem zu liegen, bringt man Liegestühle oder Luftsofas mit Pumpe mit. Sonnenschirme sind auch eine gute Idee.

Pozz Maggia

- -

ÖV > 🚏 Maggia, centro > 🚶 5 min
🚶 ▶|

🚗 > 🅿 46.24394 8.70464 > 🚶 1 min
Auf der Talstrasse bis zum Kreisver-
kehr in Maggia fahren. 🚶 ▶|

▶ Der Strasse zwischen den Supermärkten Mi-
gros und Coop zum Ufer der Maggia hinunter
folgen.

≈ 46.24371 8.70350

62. Maggia: Cascata del Salto

Liegeflächen

Schwimmen

Wassertemp.

10.00–17.00 Uhr

Ein magischer Ort – hier stürzt der Riale Salto zwischen Felswänden 65 Meter in die Tiefe, und im Sprühnebel bilden sich oft Regenbögen. Das Wasser ist meist etwas wellig, und es geht ein Wind.

Cascata del Salto bei Maggia

ÖV > 🚌 Maggia, centro > 🚶 20 min
🚶 Den Kreisverkehr hangaufwärts verlassen, links abbiegen und der Strasse bis in die Kurve nach der Brücke folgen (370 m). ▸│

🚗 > 🅿 46.24726 8.70570 > 🚶 20 min

Auf der Talstrasse nach Maggia fahren. Den Kreisverkehr hangaufwärts verlassen und links abbiegen. Hinter dem Gemeindehaus («Palazzo comunale», 80 m) sind Parkplätze verfügbar (weitere Parkplätze an der Maggia, siehe 61, ab dort 25 min zu Fuss zur Cascata del Salto). 🚶 Über die Brücke und weiter bis in die Kurve am Fuss des Kirchhügels spazieren. ▸│

│▸ Der schmalen Seitenstrasse und einem Weg den Hang hoch bis zur Cascata del Salto folgen (oben ausgeschildert).

≈ 46.25118 8.70682

Cascata del Salto bei Maggia

63. Lodano

| Liegeflächen | Schwimmen | Wassertemp. | 8.00–13.30 Uhr |

Zwei leuchtend grüne Becken des Bergbachs Rio di Lodano liegen zwischen riesigen Felsblöcken, auf denen man prima picknicken und sich nach dem Baden wieder aufwärmen kann.

Felsblöcke zwischen den Becken

- -

ÖV > 🚏 Lodano > 🚶 ⚠ 20 min

🚶 Die Unterführung benutzen und den Fluss Maggia überqueren. Die erste Strasse rechts nehmen und ihr hangaufwärts bis zu einem Brunnen folgen (1 km). ▶️

🚗 > 🅿 46.26094 8.67982 > 🚶 ⚠ 5 min

Von der Talstrasse Richtung «Lodano» abbiegen. Nach der Maggiabrücke die erste Strasse rechts nehmen und ihr hangaufwärts bis zu einem Brunnen folgen, wo man am Strassenrand parkieren kann (600 m). 🚶 ▶️

▶️ Bachaufwärts gehen, dabei rechts halten und vorbei an einem Felsblock zum Schluchteingang gehen (einige Meter des Pfads sind ausgesetzt).

🏊 46.26127 8.67797

Das obere Badebecken bei Lodano

64. Giumaglio: Pozz Froda

| Liegeflächen | Schwimmen | Wassertemp. | 10.30–16.00 Uhr |

Das runde Becken am Rand des hübschen ursprünglichen Tessiner Dorfs ist ein beliebter Badeort. Hier fällt der Riale di Giumaglio in schmalen Kaskaden in die Ebene. Der Pozzo ist tiefer, als er aussieht, und man kann von Felsen hineinspringen. Zum Liegen bieten sich grosse, flache Felsblöcke und Kiesstellen am Rand an. Einige Becken weiter unten werden von der Abendsonne beschienen. Am einfachsten erreicht man sie ab der Strassenbrücke über das linke Ufer.

Der Pozz Froda bei Giumaglio

ÖV > 🚌 Giumaglio > 🚶 10 min
🚶 ▶|

🚗 > P 46.27311 8.68079 > 🚶 10 min
Von der Talstrasse in Richtung «Giumaglio» abbiegen und nach 40 m linker Hand parkieren. 🚶 ▶|

▶ Ins Dorf hochgehen und rechts neben der Kirche in Richtung Bach abbiegen. Dem Rauschen folgen.

≈ 46.27395 8.68402

65. Riveo: Cascata delle Sponde

Liegeflächen   Schwimmen   Wassertemp.   9.30–17.00 Uhr

Der Ri delle Sponde fliesst über eine breite Felswand in dünnen Kaskaden in ein bräunliches Wasserfallbecken mit einem Kies-/Sandstrand. Das Wasser wird gegen 20 Grad warm. Oberhalb des Strands warten Holzbänke und eine Feuerstelle auf Picknickerinnen und Grillmeister.

ÖV > 🚌 Riveo, chiesa > 🚶 10 min

🚶 Ein paar Schritte Richtung Dorf gehen, dann rechts auf den Wanderweg Richtung «Someo» abbiegen. Diesem zum Wasserfall folgen (350 m).

🚗 > 🅿 46.29383 8.64062 > 🚶 3 min
Auf der Talstrasse bis 1,5 km oberhalb der oberen Ortstafel von Someo fahren. Dort liegt in einer fast rechtwinkligen Kurve hangseitig an der Strasse ein Parkplatz für etwa acht Autos, mit Wanderwegweiser und 🚻. 🚶 Dem Wanderweg durch den Wald zum Becken folgen (130 m).

≈ 46.29491 8.63981

Die Cascata delle Sponde bei Riveo

66. Cevio

Liegeflächen   Schwimmen   Wassertemp.   11.00–17.30 Uhr

Hier ist die Maggia nicht nur tief, sondern zieht an einem 100 Meter langen Sandstrand vorbei. Im Auenwald dahinter findet man viel Schatten. Auf dem Abschnitt bis 600 Meter flussaufwärts findet man weitere schöne Badestellen mit kleinen Stränden.

An der Maggia bei Cevio

ÖV > 🚌 Cevio, Boscioli > 🚶 10 min

🚶 Dem Feldweg zum Waldrand folgen. ▸▮

🚗 > Ⓟ 46.31353 8.60557 > 🚶 10 min

Auf der Talstrasse bis zur o. g. Bushaltestelle fahren (600 m talaufwärts von der Maggiabrücke am
unteren Ortsrand von Cevio). Dem Feldweg
zum Waldrand folgen (weitere Parkplätze beim
Schiessstand, Zufahrt 60 m talaufwärts von
🚌 Cevio, Centro, vom Schiessstand dem Weg
500 m flussabwärts folgen). 🚶 ▸▮

▸▮ Talabwärts zum Wanderwegweiser (90 m)
spaziert und über eine Mauer ans Maggiaufer
weiter. Das Becken liegt 300 m flussaufwärts.

≈ 46.31411 8.60841

Tipps

Pyramiden oder Schildkröten: Spaziert man
flussabwärts, kommt man nach 400 Metern zu
alten Brückenpfeilern, die wie Inka-Pyramiden
wirken. Die Einheimischen erinnern sie an
Schildkröten, sie nennen den Ort darum «zona
tartarughe». Am rechten Ufer liegt ein kleiner
Sandstrand.

Dorfplatz von Cevio: Mit seinem langen recht-
eckigen Rasen, den Statuen, Promenaden und
stattlichen Häusern sieht der Dorfplatz überraschend städtisch aus. Im Laden «Val Magía –
Sapori Nostrani» bei der Bushaltestelle sind hausgemachte Gelati erhältlich. 15 Minuten zu Fuss,
3 Minuten mit dem Auto vom Badeplatz entfernt.

Grooviges Grotto: Im Garten des romantischen
🍴 Grotto Franci (www.facebook.com >
Suchfeld: Grotto Franci, Tel. +41(0)79 22137 52,
Ⓟ 46.32056 8.60130) bei Felsen am Nordrand
von Cevio werden abends manchmal Konzerte
veranstaltet. 10 Minuten zu Fuss, 3 Minuten mit
dem Auto vom Badeplatz entfernt.

67. Bignasco: Cascata Grande

Liegeflächen   Schwimmen   Wassertemp.   11.30–17.30 Uhr

Den 85 Meter hohen «grossen Wasserfall» des Ri grande sieht man schon von Weitem. Von Nahem ist er noch imposanter, und man kann in seinem Becken eine Schwimmrunde drehen. Ein paar Schritte daneben liegt ein grosser, allerdings nicht besonders einladender Picknickplatz mit Rasen, Tischen, Bänken und Feuerstellen (kein Holz).

Cascata Grande in Bignasco

ÖV > 🚉 Bignasco, Posta > 🚶 20 min

🚶 Man überquert die Brücke und geht geradeaus in den alten Dorfkern. Dort hält man rechts und folgt der Strasse zum Wasserfall (250 m).

🚗 > 🅿 46.33574 8.61003 > 🚶 3 min

Auf der Talstrasse nach Bignasco fahren und dem Schwimmbad-Wegweiser (Piktogramm) über die Maggiabrücke zum Parkplatz beim Schwimmbad folgen. 🚶 Von dort sind es ein paar Schritte zum Wasserfall.

≈ 46.33585 8.61267

68. Cavergno: Gola del Lupo

Liegeflächen

Schwimmen

Wassertemp.

10.00–18.00 Uhr

Mit ihren grossen interessanten Felsformationen erinnert die von der Maggia durchflossene «Wolfsschlucht» bei Cavergno an die Schlucht bei Ponte Brolla 55, ist aber ruhiger.
Der Puzz bell («schönes Becken») im oberen Teil der Schlucht hat einen Kies- und einen Sandstrand und einen grossen Felsen mit Sprungpodest.

Puzz bell in der «Wolfsschlucht» bei Cavergno

ÖV > 🚌 Cavergno, Vingera > 🚶 10 min
🚶 Die Talstrasse hochgehen bis zur kleinen Luftseilbahn-Talstation (weisser Betonwürfel, 140 m). ▶❙

🚗 > P 46.34647 8.61185 > 🚶 5 min
Auf der Talstrasse bis zur o. g. Luftseilbahn-Talstation fahren und daneben parkieren (weitere Parkplätze bei der Kirche von Cavergno, P 46.34488 8.60709, 15 min zu Fuss zum Badeplatz). 🚶 ▶❙

▶❙ Auf einem Feldweg neben der Strasse weiter talaufwärts gehen bis zum Waldrand (100 m). Dem Trampelpfad zum Becken Puzz bell hinunter folgen (100 m).

≋ 46.34781 8.61393

Gola del Lupo bei Cavergno

77 Der Pozzasc von Peccia, siehe S. 171

Alta Vallemaggia

Im oberen Maggiatal sind die
Gewässer kühler als im unteren.
Dafür sind die Täler wilder
und halten Überraschungen bereit:
zum Beispiel eine 10 Meter
lange Felsenrutsche und ein
Flussbecken bei einem Grotto
in einer alten Mühle.

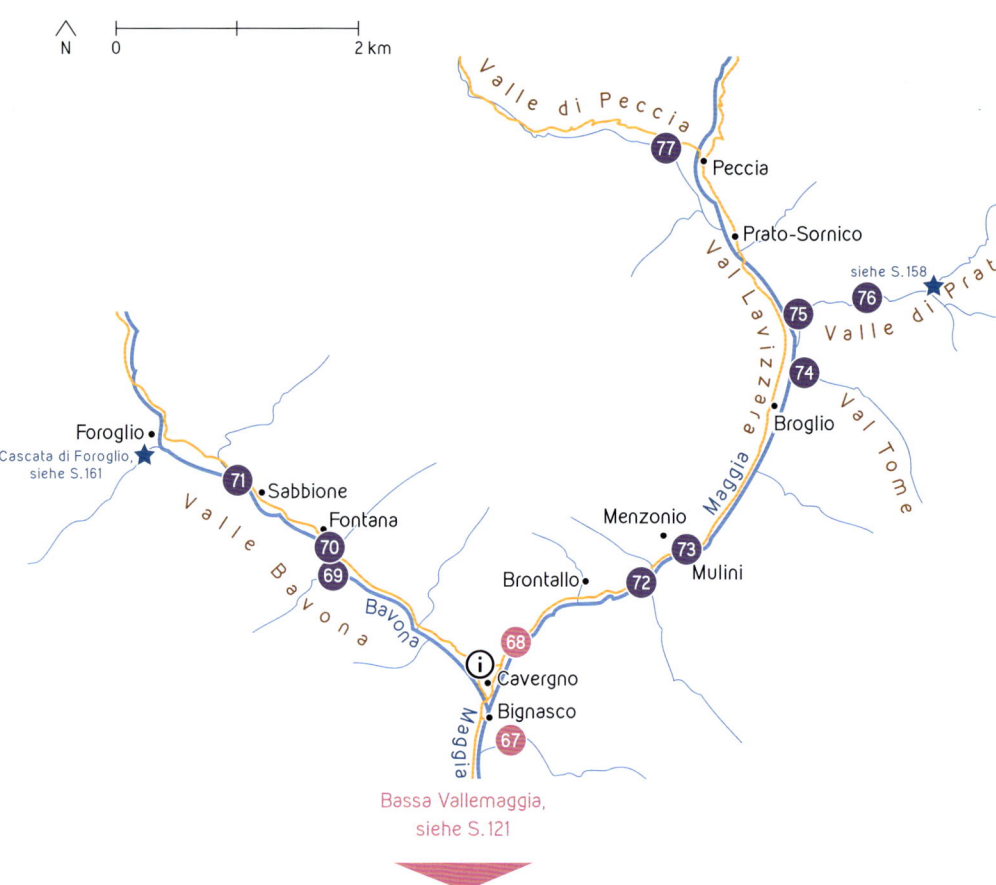

Alta Vallemaggia

69. Valle Bavona – Cascata di Mondada
70. Valle Bavona – Fontana: Pont dal Chiall
71. Valle Bavona – Sabbione: Passerella
72. Val Lavizzara – Menzonio: oberhalb
    der Ponte della Merla
73. Val Lavizzara – Mulini: Pozz di Bor
74. Val Tome – I Pozz dal Ri da Tome
75. Valle di Prato – Vigiadina
76. Valle di Prato – Presa
77. Valle di Peccia – Pozzasc

Infos zur Region

Vallemaggia
Ufficio turistico Vallemaggia:
www.ascona-locarno.com > Suchfeld: Vallemaggia
Tel. +41(0)848 091 091
ⓘ **Avegno:** siehe S.122

Valle Bavona
Ufficio turistico Vallemaggia:
www.ascona-locarno.com > Suchfeld: Valle Bavona
Tel. +41(0)848 091 091
Fondazione Valle Bavona:
www.bavona.ch
Tel. +41(0)91 754 25 50
ⓘ **Cavergno:** gegenüber Kirche,
📍 46.34576 8.60670, 🚌 Cavergno, Paese

BADEN & WANDERN

Valle Bavona, Foroglio – Mondada / Percorso della transumanza (talabwärts),
1 h 45 min (5,5 km):

Sich auf der Riesenschaukel am Weg zum Wasserfall auf den Tag einschwingen, dann in seinem Sprühnebel wach werden. Nach einem Kaffee in der legendären kleinen 🍴 Osteria La Froda (www.lafroda.ch, Tel. +41 (0)91 754 11 81) den Weg «Percorso della Transumanza» («Lehrpfad der Wanderweidewirtschaft») nehmen. Der Pfad führt durch einen märchenhaft anmutenden Wald mit riesigen herabgestürzten Felsblöcken. Unter 150 davon wurden sogenannte Splüi – Unterstände, Ställe, Webstuben und Keller – eingerichtet. Viele sieht man im Weiler Sabbione, und in einige kann man hineingehen. Verlängern der Wanderung bis Cavergno (mit 68) oder Bignasco (mit 67) möglich.

Wanderweg: www.schweizmobil.ch > Suchfeld: Foroglio
Infos zu den Splüi: www.google.com > Suchfeld: Scopriamo la transumanza

Valle di Prato (Rundtour ab Prato-Sornico), 1 h 30 min bis 2 h 30 min (6 – 10 km):

Ab Prato-Sornico (Anreise siehe 75) den talaufwärts gelegenen Weiler Presa ansteuern (45 min), dort in ein Wasserfallbecken springen 76. Geht man talaufwärts weiter, erreicht man in 25 Minuten den Weiler San Carlo mit Strassenbrücke über den Ri della Valle di Prato. 30 Meter Luftlinie oberhalb davon liegt ein kleines, tiefes Badebecken mit flachem Felsen am Rand. 10 Minuten noch weiter oben befindet sich ein 20 Meter hoher Wasserfall (★, 📍 46.39313 8.69298). Um ihn zu erreichen, geht man zum oberen Rand des Weilers und nimmt dort den Trampelpfad nach links Richtung Bach. Vom Wasserfall kann man zum Weiler Schied mit einem kleinen Badebecken mit Aussicht und flachen Felsen hochwandern (15 min, 📍 46.39381 8.69419). Ab Schied ist man dann in 1 Stunde 15 Minuten wieder in Prato-Sornico unten.

Geht man schon in Presa wieder talabwärts, erreicht man auf dem Wanderweg und, beim einzelnen Haus von Mota, weglos eine Lichtung und ein Waldbord hinunter in 25 Minuten das grosse Badebecken Vigiadina 75. Von dort ist man in 20 Minuten zurück in Prato-Sornico.

Wanderwege: www.schweizmobil.ch

VALLE BAVONA

Typisch für das Tal sind ursprüngliche kleine Steindörfer und riesige herabgestürzte Felsbrocken, unter denen Bauten errichtet wurden. Der Hauptanziehungspunkt ist der 100 Meter hohe Wasserfall von Foroglio in der Talmitte (siehe 71, Tipp).

69. Valle Bavona – Cascata di Mondada

Liegeflächen   Schwimmen   Wassertemp.   8.30–16.30 Uhr

Ein romantischer Badeplatz – wäre nur das Wasser weniger kalt. Hier fällt der Ri di Cranzünasc in hohen, dünnen Kaskaden in die Bavona herunter. Man kann sich auf grossen Felsblöcken sonnen und findet Schatten im Auenwald.

Cascata di Mondada

ÖV > 🚌 Mondada (Bavona) > 🚶 5 min
🚶 ▶|

🚗 > 🅿 46.35779 8.58197 > 🚶 5 min
Auf der Talstrasse bis zum Parkplatz bei der o. g. Bushaltestelle fahren.
🚶 ▶|

▶ Dem Feldweg durch den Wald zum Wasserfall folgen (250 m).

≋ 46.35654 8.57961

70. Valle Bavona – Fontana: Pont dal Chiall

Liegeflächen   Schwimmen   Wassertemp.   8.30–16.00 Uhr

Hier tost und sprudelt das Wasser um riesige Felsblöcke im Bett der Bavona herum. Direkt unter der alten Steinbrücke liegt eine ruhigere Stelle ≋. Am rechten Ufer findet man auf Wiesen und am kiesigen Ufer gemütliche Plätzchen zum Verweilen.

Bei der Pont dal Chiall bei Fontana

ÖV > 🚌 Fontana (Bavona) > 🚶 5 min
🚶 Talabwärts gehen bis zur Brücke (200 m). ▸|

🚗 > 🅿 46.35954 8.57868 > 🚶 3 min
Auf der Talstrasse bis zur Steinbrücke zwischen Mondada und Fontana fahren und 50 m talaufwärts
längs der Strasse parkieren. 🚶 Zur Brücke zu-
rückgehen. ▸|

|▸ Ans linke Ufer hinuntersteigen.

≋ 46.35902 8.57845

71. Valle Bavona – Sabbione: Passerella

Liegeflächen   Schwimmen   Wassertemp.   9.00–17.30 Uhr

Beim Hängesteg von Sabbione ist die Bavona seicht und hat einen langen Stein-/Kiesstrand. Deshalb ist die Stelle bei Familien mit kleinen Kindern beliebt. Das Rauschen des Wassers übertönt die Autos der dahinterliegenden Talstrasse. Flussaufwärts sieht man den Wasserfall von Foroglio (siehe Tipp).

Beim Hängesteg von Sabbione

ÖV > 🚌 Sabbione (Bavona) > 🚶 5 min

🚶 Der Strasse talaufwärts folgen bis zur Hänge-brücke. ▶|

🚗 > 🅿 46.36811 8.56258 > 🚶 1 min
Auf der Talstrasse bis zum Parkplatz beim Hängesteg zwischen Sabbione und Ritorto fahren. 🚶 ▶|

▶ 50 m oberhalb des Stegs über den Trampel-pfad zum Ufer gehen.

≈ 46.36774 8.56257

Tipp

★ Cascata di Foroglio: 1,3 Kilometer talauf-wärts, beim Weiler Foroglio, stürzt der eiskalte Bergbach Calnegia 100 Meter stiebend in die Tiefe. Ein kurzer Weg (nicht kinderwagen-tauglich) führt in die Nähe des Falls (📍 46.37124 8.54523), den die Einheimischen nur «Froda» (Wasserfall) nennen. Es ist empfehlenswert, eine Regenjacke mitzunehmen. Das kleine 🍴 Grotto La Froda vor Ort ist legendär (www. lafroda.ch, Tel. +41(0)91 754 1181), 🅿 46.37346 8.54862. In 30 Minuten kann man noch zum kleinen Weiler Puntid mit seiner fotogenen Steinbogenbrücke hochsteigen und ins schöne Hochtal Val Calnegia hineinwandern, immer den Bach Calnegia entlang.

72. Val Lavizzara – Menzonio: oberhalb der Ponte della Merla

Liegeflächen

Schwimmen

Wassertemp.

9.00–18.00 Uhr

In dieser kleinen Schlucht der Maggia kann man gut schwimmen oder sich an ihrem oberen linken Rand auf einem Felsen ausstrecken. Flussaufwärts sieht man einen Fall des einmündenden Bergbachs Ri da Sernel, der ein paar Planschbecken zu bieten hat.

An der Maggia oberhalb der Ponte della Merla bei Menzonio

ÖV > 🚌 Menzonio, Sentiero > 🚶 10 min
🚶 Der Strasse rund 100 m talaufwärts folgen bis zum Wanderweg. ▶️

🚗 > 🅿 46.35525 8.63578 > 🚶 10 min
Auf der Talstrasse bis zu einem Parkplatz rund 700 m oberhalb der Abzweigung nach Brontallo (beschildert), gegenüber zwei kleinen Häusern, fahren.
🚶 Der Wanderweg beginnt ein paar Schritte die Strasse hinab. ▶️

▶️ Die Steinbogenbrücke überqueren und dem Wanderweg talaufwärts bis zu einer 4 Meter hohen Felswand rechter Hand folgen. Über die Felsen ans Wasser hinuntersteigen.

〰 46.35492 8.63683

73. Val Lavizzara – Mulini: Pozz di Bor

Liegeflächen

Schwimmen

Wassertemp.

12.00–17.00 Uhr

Der flach abfallende Stein-/Kiesstrand macht dieses Becken der Maggia bei Familien beliebt. Es liegt neben der Talstrasse. Bis 100 Meter flussaufwärts und -abwärts vom Steg kann man weitere, ruhigere Badestellen finden.

Maggiabecken Pozz di Bor bei Mulini

ÖV > 🚌 Menzonio, Mulini > 🚶 1 min
🚶 ▶️

🚗 > 🅿️ 46.35882 8.64368 > 🚶 5 min

Auf der Talstrasse bis zu einem Parkplatz 1,5 km talaufwärts von der Abzweigung nach Brontallo (beschildert) fahren. 🚶 Zum Maggiasteg hochspazieren. ▶️

▶️ Auf der anderen Seite des Stegs dem kurzen Trampelpfad zum Becken folgen.

≈ 46.35925 8.64490

74. Val Tome – I Pozz dal Ri da Tome

Liegeflächen

Schwimmen

Wassertemp.

9.00–18.00 Uhr

Im untersten, steilen Abschnitt des Val Tome hat der Ri da Tome ein abwechslungsreiches Ensemble von Becken geschaffen. Hier kann man schwimmen, eine 10 Meter lange Felsenrutsche hinabsausen, springen und Sprudelbäder nehmen. Das Wasser ist aber oft nur 16 Grad kalt. Das grösste Becken ≈ ist das erste oberhalb des Parkplatzes.

Sicherheit: Vorsicht beim Rutschen, siehe auch S. 258, «Rutschen»

ÖV > 🚌 Broglio, Paese > 🚶 20 min

🚶 Ein paar Schritte die Talstrasse hochgehen, dann der Wanderwegweisung durch das Dorf in den Talgrund hinunter folgen. Die Brücke überqueren, links abbiegen und der Strasse bis zu einer Brücke über einen Bergbach folgen (550 m). ▶️

🚗 > P 46.38085 8.66570 > 🚶 5 min
Auf der Talstrasse bis zum nördlichen Ortsrand (Ortstafel) von Broglio fahren, ins Dorf abzweigen und zur Maggiabrücke hinunterfahren. Diese überqueren, links abbiegen und der Strasse bis zu einer Brücke über einen Bergbach folgen (550 m), wo es Parkgelegenheiten gibt. 🚶 ▶️

▶️ Dem Weg 100 m den Hang hoch folgen bis zum ersten grösseren Becken. Die oberen Becken erreicht man über einen Trampelpfad am selben Ufer. Das oberste liegt unmittelbar unter dem Wanderwegsteg (100 m bachaufwärts).

≈ 46.38118 8.66686

Tipp

Waldboden statt Asphalt: Parallel zur Autostrasse führt ein Wanderweg den Waldhang entlang zum Badeplatz. Nach dem Überqueren der Maggiabrücke in Broglio hält man nicht links, sondern rechts und folgt nach 50 Metern dem Wanderweg ein paar Schritte den Hang hoch. Bei der Verzweigung geht man nach links und weiter bis zur Gabelung (500 m). Auf dem linken Weg erreicht man das unterste, grösste Becken des Badeplatzes, auf dem rechten Weg das oberste, das unter dem Wanderwegsteg liegt. Der Umweg dauert 10 Minuten.

Das unterste Badebecken des Ri da Tome >

Unter der Riesenrutsche im Val Tome

VALLE DI PRATO

In dem friedlichen Tal gibt es mehrere schöne Wasserfallbecken. Auf der Naturstrasse, die hineinführt, gilt ein Fahrverbot. Man erreicht die Badestellen nur zu Fuss (siehe auch S. 158, zweiten Kombitipp).

75. Valle di Prato – Vigiadina

Liegeflächen   Schwimmen   Wassertemp.   10.30–18.00 Uhr

Das grosse, schöne Badebecken des Riale del Valle di Prato ist bei Familien beliebt. Es hat eine kleine Rutsche, und über den Trampelpfad am rechten Ufer erreicht man noch kleine obere Becken, von wo man ein Stück in die enge Schlucht hineinwaten kann.

Badebecken Vigiadina aus Ausgang des Valle di Prato

ÖV > 🚌 Prato, Ponte > 🚶 20 min
🚶 ▶|

🚗 > 🅿 46.39579 8.65435 > 🚶 20 min
Auf der Talstrasse bis 100 m talaufwärts von der Maggiabrücke von Prato-Sornico fahren. 🚶 ▶|

▶| Ins Dorf spazieren und gleich nach dem Torbogen rechts hinunterstechen. Die erste Strasse links nehmen, dann die nächste rechts und ihr rund 1 km folgen (kein Schatten). Zuletzt noch ein paar Schritte die waldige Böschung hinunter.

≈ 46.38851 8.66594

76. Valle di Prato – Presa

Liegeflächen   Schwimmen   Wassertemp.   11.00–18.00 Uhr

Bei einem alten Weiler fällt der Ri della Valle di Prato in ein ruhiges Becken mit einem Steinstrand. Weiter flussabwärts findet man einzelne Liegeflächen auf Felsen.

![Badebecken bei Presa im Valle di Prato]

Badebecken bei Presa im Valle di Prato

ÖV > 🚌 Prato, Ponte > 🚶 45 min
🚶 ▶️

🚗 > 🅿️ 46.39579 8.65435 > 🚶 45 min
Auf der Talstrasse bis 100 m talaufwärts von der Maggiabrücke von Prato-Sornico fahren. 🚶 ▶️

▶️ Den Dorfkern durchqueren und den Wanderwegweisern talaufwärts folgen. Die zweite Abzweigung nehmen und bis zu einem Weiler, Presa, hochwandern. Durch die Häuser ans Bachufer hinunter, dann noch 50 m das Bachbett hoch.

〰️ 46.39033 8.67849

Oberes Becken (10 min)

Über dem Wasserfall liegt ein weiteres schönes Becken mit einigen Liegeflächen auf Felsen, aber ohne Schatten. Man geht 30 Meter oberhalb des obersten Rusticos von Presa in einer Linksbiegung des Wanderwegs auf einem Trampelpfad weiter geradeaus und steigt über die Felsen zum Becken hinunter.

Tipp

★ Wasserfall bei San Carlo: 25 Minuten Gehzeit talaufwärts von Presa, siehe S. 158, zweiten Kombitipp, und Foto auf S. 170

77. Valle di Peccia – Peccia: Pozzasc

Liegeflächen

Schwimmen

Wassertemp.

9.00–16.00 Uhr

Einst klapperte am Bach Peccia ein Mühlrad. Heute ist die kleine Mühle ein Grotto, wo man die Polenta noch über dem offenen Feuer kocht. Ein Teller davon ist perfekt, um sich nach dem Baden im kalten Bach aufzuwärmen – oder man legt sich auf die grossen warmen Felsen.

Der Pozzasc bei Peccia

ÖV > 🚌 Peccia, Paese > 🚶 15 min
🚶 100 m die Strasse hochgehen und dem Wanderwegweiser «Piano di Peccia» über die Brücke folgen, dann dem Wegweiser «Grotto Pozzasc». ▶⌐

🚗 > 🅿 46.40893 8.64265 > 🚶 3 min
Auf der Talstrasse nach Peccia fahren. Abbiegen Richtung «Piano di Peccia» und nach der Brücke dem Wegweiser «Grotto Pozzasc» zum Parkplatz folgen. 🚶 ▶⌐

▷ Ein paar Schritte weiterspazieren zum 🍴 Grotto Pozzasc (www.pozzasc.ch, Tel. +41 (0)91 755 16 04, Reservation empfohlen) und Flussbecken Pozzasc.

≈⌣ 46.40891 8.64108

< Der Wasserfall bei San Carlo, siehe S. 169, Tipp

Alta Vallemaggia

85 Pozz dai Boll bei Bolle, siehe S.172

Onsernone

Im tief eingeschnittenen Onsernonetal
verläuft die Strasse hoch oben am
Hang. Zum Baden muss man meist
weit hinunter – und danach wieder
herauf. Es lohnt sich aber, denn die
Badeplätze sind weitläufig und von
betörender Wildheit.

Onsernone

78. Loco: Pozz da Niva
79. Berzona (Onsernone): oberhalb der Mühle
80. Berzona (Onsernone): oberhalb des Dorfs
81. Mosogno: Pozz da Mosegn Sott
82. Valle di Vergeletto – Pozz da Galiscioi
83. Valle di Vergeletto – Pozz dala Pusiscion
84. Laghetto dei Salei
85. Bolle: Pozz dai Boll
86. Vocaglia: Pozz dala Buleta
87. Pozz dal Tecc dal Böcc
88. Pozz Bagn de Fora

Infos zur Region

Valle Onsernone
Organizzazione turistica Lago Maggiore e Valli:
www.ascona-locarno.com > Suchfeld: Valle Onsernone
Tel. +41(0)848 091 091
Associazione Pro Onsernone:
www.onsernone.ch
Tel. +41(0)91 797 10 00
ⓘ **Auressio:** an der Talstrasse,
📍 46.20121 8.68368, 🚌 Auressio, Paese

Valle di Vergeletto
Organizzazione turistica Lago Maggiore e Valli:
www.ascona-locarno.com > Suchfeld: Vergeletto
Tel. +41(0)848 091 091

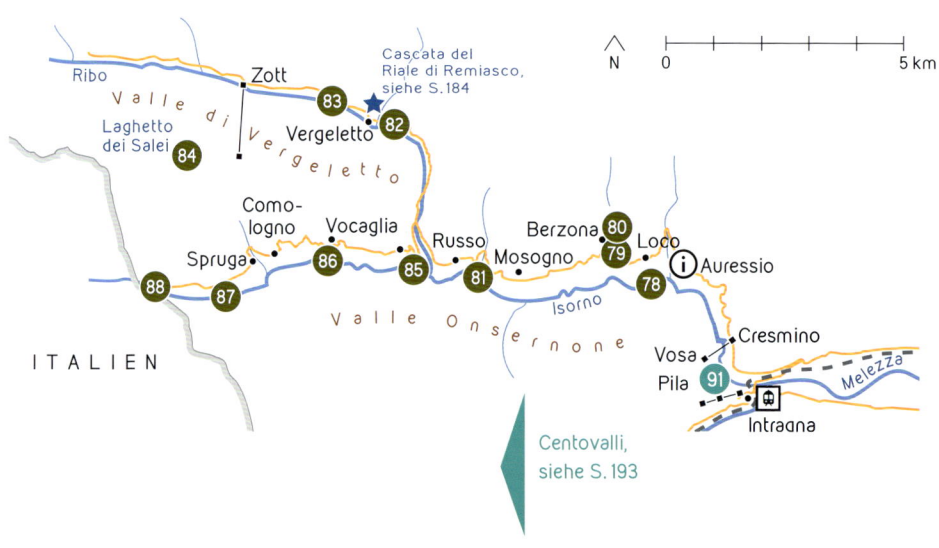

174

BADEN & WANDERN

Pila – Loco / Via delle Vose (talaufwärts), 2 h (5 km), zuletzt steil (300 hm):
Mit der Luftseilbahn Intragna – Pila – Costa nach 🚡 Pila (mit 91) hochfahren. Von dort geht's zu Fuss auf dem schönen ehemaligen Maultierpfad Via delle Vose weiter, der sanft abfallend einen Waldhang entlang zum Pozz da Niva 78 unterhalb Loco führt. Auf demselben Pfad steigt man nach dem Baden in 1 Stunde nach Loco hoch. Für eine 30 Minuten kürzere Wanderzeit nimmt man die private Luftseilbahn Cresmino – Vosa nach 🚡 Vosa. Sie gondelt über die Isornoschlucht. Reservation mind. 24 Stunden vorher: Tel. +41 (0)78 673 36 30, 🚐 Cresmino, Funivia, darunter 🅿 46.18850 8.69639. Für eine 45 Minuten längere Wanderzeit geht man schon in Intragna los (siehe S. 196, ersten Kombitipp).

Anreise nach Pila siehe 91, Infos zum Weg: www.ascona-locarno.com > Suchfeld: Via delle Vose

Comologno – Tecc dal Böcc – Spruga (talaufwärts), 2 h (4 km):
Ein paar Schritte von 🚐 Comologno, Paese, 🅿 46.20400 8.57710 und 🍴 Osteria Al Palazign (Tel. +41 (0)91 797 20 68) den Wanderweg nehmen. Zuerst geht's steil hinab, dann den Waldhang entlang zum talaufwärts gelegenen Weiler Tecc dal Böcc mit einem ersten Badebecken unmittelbar unterhalb des Stegs. Ein weiteres schönes Becken, der Pozz dal Tecc dal Böcc 87, liegt 160 Meter weiter flussabwärts. Von Tecc dal Böcc wandert man nach Spruga hoch und fährt von dort nach Comologno zurück. Für eine 30 Minuten längere Wanderzeit schon in Dazio losgehen.

Wanderwege: www.schweizmobil.ch

78. Loco: Pozz da Niva

Liegeflächen   Schwimmen   Wassertemp.   10.00–16.00 Uhr

Das grosse Becken liegt in einer engen Stelle der Isornoschlucht, die von einem modernen Holzsteg überspannt wird. Zum Sonnenbaden bieten sich grosse, flache Felsen an. Flussaufwärts und -abwärts findet man weitere schöne Becken.

Der Pozz da Niva unterhalb Loco

Becken des Isorno ein paar Schritte unterhalb des Pozz da Niva

--- --- --- --- --- --- --- --- --- --- --- --- --- --- --- --- ---

ÖV > 🚌 Loco, Paese > 🚶 35 min, steil (300 hm)
🚶 ▶|

🚗 > 🅿 46.20158 8.66982 > 🚶 35 min, steil
(310 hm)
Auf der Talstrasse bis zum oberen
Ortsrand von Loco fahren und gegenüber dem Lebensmittelgeschäft
zum Parkplatz hinunter abbiegen.
🚶 ▶|

▶| Dem gepflasterten ehemaligen Maultierpfad
Via delle Vose, der 50 m oberhalb der o. g. Bushaltestelle beginnt, in den Talgrund folgen.
10 m vor dem Steg links in den Wald stechen.
Dem Trampelpfad ein paar Schritte folgen,
dann rechts in Richtung Felsen unter dem Steg
gehen und ins Flussbett hinuntersteigen. Das
grosse Becken Pozz da Niva beginnt 60 m unterhalb des Stegs.

🏊 46.19803 8.67523

Tipp

Gondeln, wandern und baden: siehe S. 176,
ersten Kombitipp

BERZONA (ONSERNONE)

Das entzückende Tessiner Dorf am Hang oberhalb der Talstrasse ist autofrei. Der Schweizer Schriftsteller Max Frisch hatte dort ein Haus, wo er zeitweise lebte und die Erzählung «Der Mensch erscheint im Holozän» schrieb, die im Tessin spielt. Vor ihm hatten sich schon andere Schriftsteller und Künstler nach Berzona zurückgezogen, darunter Kurt Tucholsky, Max Ernst, Elias Canetti, Golo Mann und Alfred Andersch.

79. Berzona (Onsernone): oberhalb der Mühle

| Liegeflächen | Schwimmen | Wassertemp. | 12.00–16.00 Uhr |

Der Bordione ist ein Bergbach zwischen den Dörfern Berzona und Loco mit vielen kleinen, zum Teil tieferen Becken übereinander, dazwischen auch ein paar kurzen Rutschen. Der für das Baden interessante Abschnitt ist etwa 200 Meter lang. Er erstreckt sich von der Strassenbrücke bei der Mühle von Loco (siehe ersten Tipp, S. 180) bis zu einem Haus weiter oben am Bach. Am Ufer liegt man auf grossen, flachen Steinen. In Schönwetterphasen werden die Becken am späten Nachmittag bis 22 Grad warm.

Am Bordione oberhalb der Mühle zwischen Loco und Berzona

Rutsche des Bordione

ÖV > 🚌 Berzona (Onsernone), Salei > 🚶 10 min
🚶 ▶|

🚗 > 🅿 46.20309 8.66295 > 🚶 10 min
Auf der Talstrasse bis zum Parkplatz
bei der o. g. Bushaltestelle fahren.
🚶 ▶|

▶| Der Strasse bis zur Ortstafel von Loco hin-
unter folgen und dort den Weg den Waldhang
hoch nehmen. An der Gabelung rechts halten
und dem Weg etwa 200 m folgen. Ab hier führen Trampelpfade zu den Badebecken hinunter.

≈ 46.20408 8.66654

Tipps

Mühle von Loco (Mulino di Loco): Sie liegt
bei der Brücke der Talstrasse über den Bach
Bordione und ist als Mühlenmuseum hergerichtet worden (www.aimulini.com/mulino,
Tel. +41(0)91598 10 75). Man kann beobachten,
wie die Mühlsteine vom Bordione angetrieben
werden, und frisches Maismehl für eine Polenta
kaufen.

Abstecher nach Berzona hoch: Geht man an
der l. g. Gabelung links hangaufwärts statt
rechts Richtung Bach, gelangt man direkt
zum Kern des alten Tessiner Dorfs (15 min).

Oberer Bordione: Wer es ruhiger mag, kann
zum oberen Badeabschnitt am Bordione 80
weiterspazieren. Man geht das rechte Ufer
entlang aufwärts bis zu einem Gartentor, ab
dort folgt man dem Trampelpfad den Hang
hoch (25 min).

80. Berzona (Onsernone): oberhalb des Dorfs

Liegeflächen   Schwimmen   Wassertemp.   12.00–17.30 Uhr

Auf einem Abschnitt von 400 Metern fliesst der Bordione durch viele gut zugängliche kleine Badebecken und über einige flachere Rutschen. Im unteren Teil kann man springen und eine Bachgrotte mit Naturdusche entdecken. Der Weg führt durch das sehenswerte Dorf Berzona (siehe S. 179).

Kaskaden des oberen Bordione

ÖV > 🚌 Berzona (Onsernone), Salei > 🚶 30 min, steil (100 hm)
🚶 ▶|

🚗 > 🅿 46.20309 8.66295 > 🚶 30 min, steil (100 hm)
Auf der Talstrasse bis zum Parkplatz bei der o. g. Bushaltestelle fahren.
🚶 ▶|

▶ Talaufwärts bis zu einem Treppenweg gehen (100 m) und den Hang hoch durch Berzona, dann in den Wald. Bei Rustico-Ruinen (300 m) nimmt man den Trampelpfad zum Bordione hinunter. Der Abschnitt mit den Badebecken erstreckt sich von dort 150 m bachaufwärts bis zu einem Steg und 250 m bachabwärts.

〰️ 46.20726 8.66678

Bachgrotte des oberen Bordione

81. Mosogno: Pozz da Mosegn Sott

| Liegeflächen | Schwimmen | Wassertemp. | 10.00–15.30 Uhr |

Der einzige Strand am Isorno ist 30 Meter lang und aus Kies. Ein paar Schritte flussaufwärts liegt ein schönes Badebecken, und ein paar grosse, flache Felsen laden zum Sonnenbaden ein. Der Weg in den Talgrund führt durch den malerischen alten Weiler Mosogno di Sotto mit einer überraschend grossen Kirche und einem historischen Waschhaus mit Brunnen.

Pozz da Mosegn Sott unterhalb Mosogno

ÖV > 🚌 Mosogno, Sotto > 🚶 30 min, steil (200 hm)
🚶 ▶|

🚗 > Ⓟ 46.19913 8.63725 > 🚶 30 min, steil (200 hm)
Auf der Talstrasse bis zu den Parkplätzen bei der o. g. Bushaltestelle
fahren. 🚶 ▶|

▶| Den (Treppen-)Wanderweg hangabwärts neh-
men. Wo er sich gabelt, rechts weiter (flussaufwärts). Ein paar Schritte vor dem Isornosteg auf
den Trampelpfad rechter Hand abbiegen und
ihm zum Strand folgen (100 m).

≈ 46.19911 8.62978

Tipp

Länger sonnenbaden: 1 Kilometer flussabwärts
liegt am Fuss einer Felswand ein Becken des
Isorno, das bis 17 Uhr sonnig ist (📍46.19529
8.63893). Man geht zurück zur l. g. Weggabelung und dort weiter geradeaus, flussabwärts,
bis zu einem Steg. Diesen überquert man aber
nicht, sondern wandert 150 Meter weiter geradeaus und steigt über das dort flachere Waldbord zu den Felsrippen am Isorno hinunter.

VALLE DI VERGELETTO

In diesem friedlichen Hochtal lohnt sich ein Besuch des Dorfs Vergeletto mit seinen fünf historischen Mühlen, die man auch von innen besichtigen kann, und einem hübschen Wasserfall (siehe 83, ersten Tipp).

82. Valle di Vergeletto – Pozz da Galiscioi

Liegeflächen   Schwimmen   Wassertemp.   9.00–13.30 Uhr

Die tiefere Stelle des Flusses Ribo liegt in einer Schlucht. Vom Felsen am linken Ufer sieht man flussaufwärts die 13 Meter hohe Cascata di Vergeletto. Sie ist bei Kanufahrerinnen und -fahrern legendär, weil es sich um den höchsten zur Befahrung geeigneten Wasserfall der Schweiz handelt.

Pozz da Galiscioi unterhalb Vergeletto

ÖV > 🚌 Vergeletto, Chiesa > 🚶 ⚠ 20 min
🚶 ▶|

🚗 > 🅿 46.22641 8.60368 > 🚶 ⚠ 20 min
Auf der Talstrasse bis zum Ortsein-gang von Vergeletto fahren und am Strassenrand parkieren. 🚶 ▶|

▶| Ein paar Schritte bis zum Wanderweg gehen, der beim Friedhof beginnt (von der Bushalte-stelle talabwärts). Diesem bis über die Steinbrü-cke (Ponte Romano) folgen. Den Hang hoch-steigen, dann links halten, an der Wegkapelle vorbei, bis zu einem Rustico (200 m). Unmit-telbar darunter gelangt man über den Trampel-pfad, der stellenweise von querliegenden Baum-stämmen versperrt ist, ins Flussbett hinunter. Darin geht man aufwärts, so weit es möglich ist (60 m).

≈ 46.22586 8.60784

Pozz dala Pusiscion oberhalb Vergeletto

83. Valle di Vergeletto – Pozz dala Pusiscion

Liegeflächen

Schwimmen

Wassertemp.

8.30–18.30 Uhr

Das Badebecken des Ribo im offeneren Gelände oberhalb des Dorfs Vergeletto ist bei Familien beliebt. Auf den Steinplatten am Ufer kann man bequem picknicken.

- -

ÖV > 🚌 Vergeletto, Piazza > 🚶 10 min
🚶 ▶

🚗 > P 46.22830 8.59704 > 🚶 10 min
Auf der Talstrasse nach Vergeletto fahren und das Dorf durchqueren, bis man geradeaus einen grünen Silo sieht. Der Parkplatz liegt rechter Hand. 🚶 ▶

▶ Der Talstrasse aufwärts folgen bis 500 m oberhalb des oberen Ortsrands, wo rechter Hand, bei einem Haus am Hang, ein privater Parkplatz für zwei Autos liegt. Ein paar Schritte talaufwärts beginnt der kurze Trampelpfad, der zum Becken hinunterführt.
Alternative: Wer lieber auf einem Naturweg spaziert, kann in Vergeletto gegenüber dem Haus vor dem Parkplatz den Weg zur Brücke hinunter nehmen, diese überqueren und am anderen Ufer zum Badeplatz hochgehen.

≈ 46.23020 8.59106

Tipps

Mühlen von Vergeletto: Die grösste Mühle mit ihrem grossen Rad sieht man schon von der Strasse aus. Sie ist meist offen, und man kann alte Mühlmaschinen darin ansehen. In der Nähe gibt es noch vier andere Mühlen zu besichtigen. Alle zusammen bilden den Mühlenpark (Parco ai mulini) von Vergeletto, durch den ein kurzer Themenweg führt. Dienstags wird die grosse Mühle jeweils in Betrieb gesetzt. Infos: www.farinabona.ch, Tel. +41(0)78 709 48 85 (auch für Inbetriebnahmen an anderen Tagen und Führungen)

★ **Wasserfall von Vergeletto:** Oberhalb der Kirche fällt der Riale Remiasco (Ri di Vergeletto) über eine Felswand in ein hübsches kleines Becken mit Felsplatten am Ufer (📍 46.22742 8.60276, 🚌 Vergeletto, Chiesa, P 46.22649 8.60293). Von dort schiesst er sprudelnd zur grössten Mühle von Vergeletto hinunter und weiter in den Talgrund. Hinter der Kirche nimmt man den Hangweg zur Rasenterrasse eines Rusticos hoch und geht von dort noch ein paar Schritte zum Wasserfall.

84. Laghetto dei Salei

Liegeflächen

Schwimmen

Wassertemp.

6.00–18.30 Uhr

Am idyllischen kleinen Bergsee auf rund 1900 Meter über Meer fühlt man sich hoch über der Welt. Am Ufer wachsen viel Alpenrosenstauden.

Laghetto dei Salei über dem Vergeletto- und dem Onsernonetal

- -

ÖV > 🚌 Vergeletto, Funivia Salei > 🚶 45 min
🚶 ▶️

🚗 > 🅿️ 46.23335 8.56714 > 🚶 45 min
Auf der Talstrasse bis zum Park-
platz der Luftseilbahn (Funivia)
Zott – Alpe Salei fahren. 🚶 ▶️

▶️ Mit der Seilbahn nach 🚡 Alpe Salei hochfahren (Fahrplan: www.ticino.ch > Suchfeld: Seilbahn Zott, Tel. +41 (0)91 797 17 07). 🚶 Ab dort
den Wanderwegweisern folgen. Am Weg liegt
die sympathische 🍴 Capanna Alpe Salei (www.
alpesalei.ch, Tel. +41 (0)91 797 20 32).

≋ 46.22039 8.55164

Tipp

Gipfelschaukel: Auf dem Pizzo Zucchero,
30 Minuten Wanderzeit ab 🚡 Alpe Salei, kann
man auf einer Riesenschaukel seine Seele und
Füsse baumeln lassen.

85. Bolle: Pozz dai Boll

Liegeflächen   Schwimmen   Wassertemp.   9.30–15.00 Uhr

Das lange Becken des Isorno liegt zwischen grossen flachen Felsen, von denen man auch springen kann. Bäume bieten etwas Schatten.

- -

ÖV > 🚌 Crana, Alle Bolle > 🚶 20 min, steil (150 hm)
🚶 ▸|

🚗 > 🅿 46.20209 8.61217 > 🚶 20 min, steil (150 hm)

Auf der Talstrasse bis zu den Park-plätzen 250 m oberhalb der o. g. Bushaltestelle fahren (2,5 km ober-halb Russo, weitere Parkplätze oberhalb der Kurve). 🚶 ▸|

▸ Ein paar Schritte oberhalb der o. g. Bushaltestelle dem Wanderweg zum Fluss hinunter folgen und den Steg überqueren. Über die Fels-platten ans Wasser hinuntersteigen.

≈ 46.19991 8.61234

Tipp

Aperitivo unter Arkaden: 🍴 Ristorante Posta (www.facebook.com > Suchfeld: Ristorante della Posta Russo, Tel. +41(0)91 797 11 97) an der Talstrasse bei 🚌 Russo

86. Vocaglia: Pozz dala Buleta

Liegeflächen   Schwimmen   Wassertemp.   11.30–16.30 Uhr

Ein besonders abenteuerlich wirkender Badeplatz: Auf der einen Seite ragt eine schroffe Felswand empor, auf der anderen wächst üppiger Urwald. Im Flussbett liegen riesige kantige Felsblöcke. Das Becken liegt unmittelbar unter dem Steg. Man kann das Flussbett auch noch etwas flussaufwärts erkunden.

Sicherheit: Weil man nur im oberen Bereich aus dem Becken aussteigen kann, sollte man nur bei geringem bis normalem Abfluss und stabiler Wetterlage darin baden. Eine stärkere Strömung könnte das Flussaufwärtsschwimmen verunmöglichen.

Pozz dala Buleta unterhalb Vocaglia

ÖV > 🚌 Vocaglia > 🚶 ⚠ 30 min, steil (200 hm) 🚶 ▶I

🚗 > 🅿 46.20479 8.58982 > 🚶 ⚠ 30 min, steil (200 hm)
Auf der Talstrasse bis zum Parkplatz 50 m oberhalb der o. g. Bushaltestelle fahren. 🚶 ▶I

I▶ Beim ersten talseitigen Haus des Dorfs den Treppenweg nehmen und nach ein paar Schritten dem Wegweiser «Sentiero» folgend durch das kleine Tor links abbiegen. Auf dem Trampelpfad durch den Wald in den Talgrund hinabgehen (an einigen Stellen ausgesetzt), wo man noch vor dem Steg über die Felsen ans Wasser hinabsteigen kann.

≈ 46.20317 8.58736

Onsernone

< Pozz dai Boll bei Bolle

Am Isorno unterhalb Vocaglia

87. Pozz dal Tecc dal Böcc

Liegeflächen   Schwimmen   Wassertemp.   10.30–15.30 Uhr

Ein kleiner Wasserfall ergiesst sich in dieses leuchtend grüne Becken des Isorno. Auf dem Weg dorthin muss man an einer Stelle durch hüfttiefes Wasser waten.

Der Pozz dal Tecc dal Böcc

ÖV > 🚌 Spruga > 🚶 ⚠ 40 min
🚶 ▶|

🚗 > 🅿 46.20046 8.56832 > 🚶 ⚠ 40 min
Auf der Talstrasse bis zum Parkplatz bei der o. g. Bushaltestelle fahren.
🚶 ▶|

▶ Den Treppenweg den Hang hinunter nehmen. Wo er auf den Wanderweg trifft, der quer zum Hang verläuft, rechts halten und talaufwärts bis zu einem Weiler, Tecc dal Böcc, spazieren. Dem Wanderweg zum Steg hinunter folgen.

Dort geht es zuerst 40 m am linken Ufer weiter, bevor man durchs Bett des Isorno ans andere Ufer hinüberwatet (ein paar Meter durch hüfthohes Wasser). Über das felsige rechte Ufer gelangt man zum Becken 160 m flussabwärts vom Steg.

≈ 46.19575 8.56220

Tipp

Polenta auf der Piazza: In der kleinen 🍴 Bar Onsernonese in Spruga (Tel. +41(0)91 797 17 83) schmort die Wirtin täglich Kalbshaxen und kocht Polenta. Man sitzt auf dem Dorfplatz oder der Mini-Terrasse im Obergeschoss.

88. Pozz Bagn de Fora

Liegeflächen

Schwimmen

Wassertemp.

10.30–14.00 Uhr

Dieses Becken des Isorno liegt zwischen hohen Felswänden. Auf der riesigen Felsplatte am oberen Rand kann man sich hinlegen und aufwärmen. Ein paar kleine obere Becken eignen sich bei schwächerem Abfluss als Sprudelwannen.

Der Pozz Bagn de Fora talaufwärts von Spruga

ÖV > 🚏 Spruga > 🚶 45 min
🚶 ▶|

🚗 > 🅿 46.20046 8.56832 > 🚶 45 min
Auf der Talstrasse bis zum Parkplatz bei der o. g. Bushaltestelle fahren.
🚶 ▶|

▶ Auf der asphaltierten Strasse (Fahrverbot) ins Tal hineinwandern bis zum Wanderwegweiser «A. Isornia» (2,5 km). Diesem zum Steg hinunter folgen. Dort steigt man am linken Ufer flussabwärts über die Felsplatten ans Becken hinunter (100 m).

≋ 46.19677 8.54384

Tipp

Bagni di Craveggia: In 10 Fussminuten erreicht man das kleine historische Thermalbad, das auf italienischem Staatsgebiet liegt (📍 46.19797 8.53985). Dazu folgt man ab dem Badeplatz der Talstrasse (linkes Ufer) oder dem Wanderweg (rechtes Ufer). Auf der Terrasse der Bagni stehen Wannen zum Wassertreten und Thermalbaden. Im Gebäude kann man ins dunkle, 26-grädige Reservoir eintauchen. Am seichten Rio dei bagni vor dem Bad stehen ein Tisch, Bänke und ein Grill für die Besucherinnen und Besucher bereit.

Thermalbad Bagni di Craveggia

Bagni di Craveggia

93 Becken unter der Ponte Romano bei Calezzo, siehe S. 204f.

Centovalli

Im Tal der hundert (Seiten-)Täler
gibt es nur wenige Badestellen.
Diese sind aber ideale Ausgangspunkte,
um die Schluchten weiter auf-
und abwärts zu erkunden.
Der Hauptfluss Melezza wird gegen
20 Grad warm.

Centovalli

89. Intragna: Pozzo del Ponte dei Cavalli
90. Intragna: Güra
91. Pila: Mulini
92. Golino
93. Calezzo: Ponte Romano
94. Camedo
95. Valle Vigezzo (Italien) – Malesco: I Camini

Infos zur Region

Organizzazione turistica Lago Maggiore e Valli:
www.ascona-locarno.com > Suchfeld: Centovalli
Tel. +41(0)848 091 091
ⓘ Intragna: am Dorfplatz, 📍 46.17725 8.70040,
🚠 Intragna

Onsernone,
siehe S. 173

Bassa Vallemaggia,
siehe S. 121

Lago Maggiore,
siehe S. 209

BADEN & WANDERN

Intragna – Pila – Costa – Intragna (Rundtour), 45 min (2 km):

Dem Weg, der bei der Kirche von Intragna beginnt, nach Pila hoch folgen. Um zum Doppel-Wasserfall von Pila hinunterzusteigen (siehe S. 200), in einer Wegbiegung mit einem Haus den Treppenweg daneben nehmen. Zu den Badebecken bei der historischen Mühle von Pila 91 folgt man weiter dem Wanderweg. Die Tour führt weiter über die Steinbrücke bei der Mühle und nach Costa hoch mit ⍟ Grottino Funivia alla Costa (www.igrot.ch > Suchfeld: Costa, Tel. +41 (0)91 796 25 10). Dort nimmt man die Luftseilbahn nach 🚠 Intragna hinunter (Infos siehe 91).

Zum Verlängern der Wanderung kann man einen Schlenker zu einem schönen Wasserfall des Rii oberhalb Pila machen (45 min). Dafür geht man durch den Weiler bis zum gepflasterten ehemaligen Maultierpfad hoch und folgt jenem bis ein paar Schritte nach der ehemaligen Schule (angeschrieben «Scuola»). Dort nimmt man den nach links abbiegenden Weg, folgt ihm an der Schule vorbei und quer zum Hang zu einem Steg (📍 46.17779 8.68422). Der Wasserfall liegt 60 Meter oberhalb davon. Man erreicht ihn über das Bachufer. Auf dem Weg geht es weiter nach Costa hoch.

Wanderwege: www.schweizmobil.ch

BADEN & VELOFAHREN

Losone – Golino – Losone (Rundtour), 1 h 30 min (14 km):

Auf der regionalen Veloroute 31 oder auf dem rechtsufrigen Maggiauferweg zum Maggiabecken Meriggio bei Losone 52 fahren, dann das Ufer der Melezza entlang zum Strand von Golino 92. Allenfalls noch einen Abstecher in den historischen Dorfkern von Intragna hoch machen (500 m Luftlinie). Am anderen Melezzaufer zurück nach Losone pedalen.

Velomiete in Losone über Velospot, siehe S. 263, oder Passion Bike (www.passionbike.ch, Tel. +41 (0)91 785 75 77)

89. Intragna: Pozzo del Ponte dei Cavalli

Liegeflächen   Schwimmen   Wassertemp.   8.00–19.00 Uhr

Unmittelbar unter der untersten Strassenbrücke von Intragna liegt ein schönes, tiefes Becken des Isorno. Der grosse Felsen an seinem rechten Rand und das rechte Melezzaufer nach der Isornomündung sind schon in die Schlagzeilen geraten. Gerne tummeln sich FKK-Freun-dinnen und -Freunde dort, und einige haben sich noch anderen Vergnügungen hingegeben als dem Baden und Sonnenbaden. Dies nicht zur Freude der Gemeinde Centovalli, der schon Textillosigkeit missfällt. Am linken Ufer der Melezza, das zum Gemeindegebiet von Terre di Pedemonte gehört, ist Nacktheit verboten. Fehlbare Badende müssen an beiden Ufern mit polizeilichen Ermahnungen rechnen, am rechten Ufer auch mit Bussen.

ÖV > 🚌 Golino, Ponte > 🚶 10 min
🚶 ▶I

🚗 > 🅿 46.17900 8.70233 > 🚶 15 min

Auf der Talstrasse bis zum Parkplatz bei 🚌 Intragna, Ponte im unteren Ortsteil von Intragna fahren (von Golino her in Intragna in Richtung «Locarno» abbiegen). 🚶 Der hangabwärts führenden Stras-se bis zur Brücke von Golino folgen (500 m). ▶I

▶I Die Brücke überqueren und zum darunter-liegenden Strand hinuntergehen. Dem Fluss bis zur Mündung des Isorno folgen (250 m) und über die Felsen zum Becken unter der Brücke Ponte dei Cavalli steigen.

≋ 46.18009 8.70602

Der Pozzo del Ponte dei Cavalli bei Intragna

90. Intragna: Güra

Liegeflächen   Schwimmen   Wassertemp.   8.00–17.00 Uhr

In die besonders enge Passage der Isornoschlucht am Ausgang des Valle Onsernone kann man rund 60 Meter hineinschwimmen. Man erreicht sie durch das steinige Flussbett und an einer Stelle durch das Wasser.

Gut dabeizuhaben & Sicherheit: Mit einer Taucher- oder Schwimmbrille kann man unter Wasser die steil abfallenden Felswände hinunterspähen. Die Schlucht nur flussaufwärts erkunden, wenn die Wetter-lage im ganzen Einzugsgebiet des Isorno stabil ist, siehe auch S.259, «Plötzliche Hochwasser», und S. 257, Kasten «Droht ein Gewitter?».

Centovalli

Güra bei Intragna

ÖV > 🚃 Golino, Ponte > 🚶 △ 30 min

🚶 Bis in die erste Kurve hochgehen, rechts abbiegen und geradeaus gehen bis in die nächste Kurve. ▸│

🚗 > 🅿 46.17900 8.70233 > 🚶 △ 30 min

Auf der Talstrasse bis zum Parkplatz bei 🚃 Intragna, Ponte im unteren Ortsteil von Intragna fahren (von Golino her in Intragna in Richtung «Locarno» abbiegen). 🚶 Die Strasse hinuntergehen und 50 m nach dem Friedhof den hangabwärts führenden Fussweg nehmen. ▸│

▸│ Dem Trampelpfad, der beim Parkplatz in der Kurve beginnt, folgt man ins Flussbett hinunter. Dann wandert man über die Steine flussaufwärts bis zum Knick des Isorno (450 m). An einer Stelle muss man ein paar Meter weit schwimmen.

≈ 46.17990 8.69743

Tipp

Schluchtenrundtour: Statt auf dem gleichen Weg nach Intragna zurückzugehen, dem Isorno bis zum Becken unter der Ponte dei Cavalli 89 folgen, dann der Melezza aufwärts bis zum Strand von Golino 92. Schliesslich auf der Strasse und Fusswegen nach Intragna zurückgehen. Man wandert 1 Stunde 20 Minuten.

91. Pila: Mulini

| Liegeflächen | Schwimmen | Wassertemp. | 11.00–18.00 Uhr |

In der engen Schlucht Valle du Rii liegen neben einer alten Mühle viele kleine Badebecken des Rii (Riale di Mulitt). Darüber führt eine Steinbogenbrücke. Ein hübscher Ort, man ist dort aber selten allein wegen der vielen Gäste einer nahegelegenen Feriensiedlung.

Sicherheit: Die Felsen am Bach sind mit Flechten bewachsen und werden sehr glitschig, wenn man mit nassen Füssen oder Schuhen drauftritt.

Am Rii bei der Mühle von Pila

Kleiner Wasserfall des Rii unterhalb der Steinbrücke

ÖV > 🚍 Intragna, Ponte > 🚶 10 min

🚶 Die Strasse hochgehen bis zum Bahnübergang. Zum Parkplatz der Luftseilbahn Intragna – Pila – Costa hinunter abbiegen. ▶️

🚗 > 🅿️ 46.17901 8.70089 > 🚶 10 min
Auf der Talstrasse bis zum Bahnübergang von Intragna fahren. Zum Parkplatz der Luftseilbahn Intragna – Pila – Costa hinunter abbiegen. 🚶 ▶️

▶️ Nach 🚠 Pila fahren (Halt auf Verlangen, Fahrplan: www.centovallli.ch, Bahn macht Mittagspause, Tel. +41 (0)91 796 11 14; im Jahr 2022 ist die Seilbahn wegen Revision ausser Betrieb). 🚶 Auf dem Granitplattenweg bis zur Mauer gehen, dann links und dem Weg zur Steinbrücke folgen.

≈ 46.17827 8.69072

Tipp

Wanderung ab Intragna: siehe S. 196, ersten Kombitipp

Doppel-Wasserfall
(⚠ 15 min unterhalb Steinbrücke)
Tiefes Becken in einer tiefen Schlucht. Unmittelbar beim untersten Haus des Weilers Pila, das am Schluchtrand steht, einem Treppenweg und dann Wegspuren in den Schluchtgrund folgen.

Blaues Becken
(10 min oberhalb Steinbrücke)
Schönes, kleines Wasserfallbecken im Wald. Man erreicht es über das linke Ufer und durch das seichte Bachbett.

92. Golino

Liegeflächen

Schwimmen

Wassertemp.

10.00–18.30 Uhr

Der 50 Meter lange Sandstrand an der Melezza unterhalb der Strassenbrücke von Golino zieht viel Volk an. Unter ein paar Bäumen kann man sich in den Schatten legen. Flussaufwärts findet man einen Sprungfelsen und weitere schöne Becken, flussabwärts interessante Felsformationen und unter der Brücke Ponte dei Cavalli ein tiefes Becken 89.

Der Melezzastrand bei Golino

Der Sprungfelsen oberhalb der Brücke

ÖV > 🚉 Golino, Ponte > 🚶 1 min
🚶 ▶|

🚗 > 🅿 46.17791 8.70212 > 🚶 15 min
Auf der Talstrasse bis zum Bahnübergang von Intragna fahren und unmittelbar oberhalb davon zum Bahnhof abbiegen, dort parkieren.

🚶 Den Wegweisern «Golino» zur Brücke folgen.
▶|

▶ Die Brücke überqueren und zum darunterliegenden Strand hinuntergehen.

≈ 46.17817 8.70633

Tipps

Garten zum Geniessen: 50 Meter hinter dem Strand, 🍴 Hotel Al Ponte Antico (Tel. +41(0)91 785 61 61)
Grotto zum Spielen: Das 🍴 Grotto Brunoni (www.grottobrunoni.ch, Tel. +41(0)91 796 11 20) liegt an der vielbefahrenen Strasse zwischen Losone und Golino, aber hat einen Garten mit Spielgeräten für Kinder. Es ist 900 Meter von der Brücke von Golino entfernt.

Centovalli

An der Melezza in Golino

93. Calezzo: Ponte Romano

| Liegeflächen | Schwimmen | Wassertemp. | 8.00–18.00 Uhr |

Das grosse Becken der Melezza liegt in einer tiefen Schlucht, die von einer alten Steinbrücke überspannt wird. Am Flussufer sitzt man auf Steinblöcken. In Schönwetterphasen wird das Wasser gegen 20 Grad warm. Bei der Anfahrt sieht man schon von Weitem den Kirchturm von Intragna, der mit seinen 65 Metern der höchste im Kanton Tessin ist.

Oberhalb der Ponte Romano bei Calezzo

- -

ÖV > 🚌 Intragna oder Ponte > 🚶 40 min

🚶 Den Wanderwegweisern «Ponte Romano» folgen. ▶️

🚗 > 🅿️ 46.17470 8.69266 > 🚶 15 min

Auf der Talstrasse bis 200 m oberhalb der oberen Ortstafel von Intragna fahren, wo es längs der Strasse Parkmöglichkeiten gibt. Dem Wanderweg zur «Ponte Romano» hinunter folgen. 🚶 ▶️

▶️ Beidufrig oberhalb der Brücke führen Trampelpfade ins Bett der Melezza.

≈ 46.17251 8.69045

Unter der Ponte Romano bei Calezzo >

Tipp

Markt von Intragna: Am Mittwochabend auf der Piazza im Dorfkern, 16–20 Uhr, ab 18 Uhr wird heisse Polenta serviert und Live-Musik gespielt. Um 20 Uhr startet eine Dorfführung (Reservation bis Dienstagabend erforderlich, Tel. +41(0)79 228 04 42).

94. Camedo

| Liegeflächen | Schwimmen | Wassertemp. | 8.30–18.30 Uhr |

In der Flussbiegung unmittelbar vor dem Stausees Lago di Palagnedra bildet die Melezza ein tiefes Becken. Im Lago di Palagnedra ist das Baden wie in den meisten anderen Tessiner Stauseen wegen Soggefahr verboten. Der Anfang des Sees ist aber 2,5 Kilometer und vier Flussbiegungen vom Druckstollen an der Staumauer entfernt.

ÖV > 🚠 Ribellasca > 🚶 25 min
🚶 Die Brücke überqueren. ▶▮

🚗 > 🅿 46.15456 8.60376 > 🚶 15 min
Auf der Talstrasse bis zu den Park-
plätzen beim roten Zollhaus von
Camedo fahren (weitere Parkplätze
unmittelbar nach der Brücke). 🚶 ▶▮

▶▮ Beim Zollhaus dem Wanderweg hangabwärts
folgen. Den Steg überqueren, unter seinen Stüt-
zen ins Flussbett hinabsteigen und 150 m flussabwärts gehen.

≋ 46.15331 8.60724

Wasserfall der Ribellasca unterhalb Camedo

Tipps

Wasserfall der Ribellasca: 180 Meter oberhalb
des l. g. Stegs fällt dieser warme Seitenbach der
Melezza über zwei Stufen in ein Planschbecken
mit Kiesstrand (Sonne ca. 11–14 Uhr). Das obere,
tiefere Becken erreicht man kraxelnd über das
linke Ufer.
Grotto mit Rebenterrasse: 🍴 Osteria Grütli
(www.osteriagrutli.ch, +41(0)78 218 29 17,
🅿 46.15496 8.60938), an der Talstrasse in
Camedo

Blick auf den Lago di Palagnedra

95. Valle Vigezzo (Italien) – Malesco: I Camini

Liegeflächen

Schwimmen

Wassertemp.

8.00–18.00 Uhr

Die Cascate di Malesco oder «Kamine», wie die beiden untersten Fälle des Bergbachs Loana auf Italienisch auch genannt werden, sind ein sehr erfrischender Anblick und ein ebensolches Badeerlebnis. Für Gäste des Tessins, die aus dem Wallis anreisen, liegen sie an der Route. Kleinkinder können im seichten untersten Becken planschen, grössere Kinder und Erwachsene am linken Ufer zu den zwei nächstoberen, tieferen Becken hochsteigen. Die Steinterrasse am Rand des Hauptbeckens und ein kleiner Park laden zum Sonnenbaden und Picknicken ein.

I Camini bei Malesco

ÖV > 🚆 Malesco > 🚶 20 min

🚶 Südwärts gehen bis zur Brücke. Diese überqueren und nach 450 m links abbiegen zu den Camini (ausgeschildert). ▶️

🚗 > 🅿️ 46.12575 8.49334 > 🚶 5 min

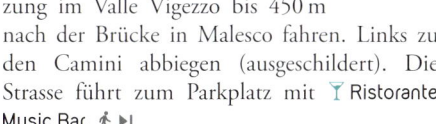

Vom Centovalli her kommend auf der Talstrasse und deren Fortsetzung im Valle Vigezzo bis 450 m nach der Brücke in Malesco fahren. Links zu den Camini abbiegen (ausgeschildert). Die Strasse führt zum Parkplatz mit 🍴 Ristorante Music Bar. 🚶 ▶️

▶️ Dem kurzen Weg durch den Park zum Wasserfallbecken folgen.

≈ 46.12517 8.49359

Tipps

Centovalli-Bahn: Mit dem Zug ist man fast so fix in Malesco wie mit dem Auto, und die Strecke ist aufregend mit ihren unzähligen Kurven, Brücken und Einblicken in Schluchten. Fahrplan und Billette: SBB, siehe S. 262, «Zug». Infos zur Strecke: www.vigezzinacentovalli.com, Tel. +41(0)91 75187 31

Megakirche: Vom Centovalli her kommend kann man die Fahrt im italienischen Dorf Re unterbrechen, das 4,5 Kilometer östlich von Malesco liegt. An der Talstrasse steht das Santuario Madonna del Sangue, eine imposante neobyzantinische Wallfahrtskirche mit Kuppel. Der Innenraum ist geprägt von Säulen und Wänden voller Votivgaben.

Malesco: In der 🍴 Il Monello Bar Gelateria am Dorfplatz gibt's hausgemachte Glaces. Dienstags findet ein Wochenmarkt statt (8–12 Uhr, Zollbestimmungen beachten).

97 Strand des Lake View in Locarno, siehe S. 214f.

Lago Maggiore

Vom Strand mit Sonnenschirmen, spielenden Kindern und viel italienischem Flair schweift der Blick über weite Wasserflächen. An ihrem Rand erheben sich die steilen bewaldeten Hänge der Tessiner Berge.

Lago Maggiore

96. Pozzo di Tenero
97. Locarno: Lake View
98. Ascona: Lido
99. Ascona: Bagno Pubblico
100. Valle Cannobina (Italien) –
     Traffiume: Orrido di Sant'Anna
101. Vira (Gambarogno): Spiaggia
102. Pozzo di Vira
103. San Nazzaro (Gambarogno):
     La Puncia
104. Gerra (Gambarogno):
     Bagno Spiaggia
105. Gerra (Gambarogno):
     Bagno Scimiana
106. Maccagno (Italien): Spiaggia

Infos zur Region

Lago Maggiore
Organizzazione Lago Maggiore e Valli:
www.ascona-locarno.com
Tel. +41 (0)848 091 091
ⓘ **Tenero:** an der Strasse zum
Camping Campofelice, ♥ 46.17110 8.85643,
🚌 Tenero, Brere
ⓘ **Locarno:** am Bahnhofplatz, ♥ 46.17278 8.80144
ⓘ **Ascona:** am Altstadtrand bei der Banca Stato,
♥ 46.15659 8.77036
ⓘ **Brissago:** an der Seestrasse, ♥ 46.11932 8.71029,
🚌 Brissago, Posta
ⓘ **Vira:** an der Seestrasse, ♥ 46.14409 8.84391,
🚌 Vira (Gambarogno), Posta

Strandbäder am Lago Maggiore
www.badi-info.ch
www.ascona-locarno.com > Suchfeld:
Strandbäder und Strände Lago Maggiore

Cannobio, Italien
Associazione Cannobio4you:
www.cannobio4you.it
Tel. +39 0323 71212
ⓘ **Cannobio:** beim nördlichen Hafen,
♥ 46.06781 8.69931,
🚌 Cannobio – Hotel Giardino (Halt auf Verlangen)
Ufficio turistico di Cannobio:
www.procannobio.it
Tel. +39 0323 71212
ⓘ **Cannobio:** neben der Kirche San Vittore,
♥ 46.06232 8.69755, 🚌 Cannobio – San Vittore

BADEN & VELOFAHREN

Tenero – Locarno, 1h (9km):

Die regionale Veloroute 31 (markiert) verläuft hier zuerst auf einer ruhigen Nebenstrasse, dann auf der autofreien Seestrasse. Als Erstes kann man einen Schlenker zu den Verzasca-Becken von Tenero 96 machen. Zurück beim Bahnhof fährt man die Bahngeleise entlang westwärts, nach 500 Metern durch die Unterführung zum See und diesen entlang bis zum Strandbad Lake View 97, dann in die Altstadt von Locarno (siehe 97, Tipp). Zum Verlängern siehe den folgenden Kombitipp.

Velomiete am Bahnhof Tenero über Velospot oder Rentabike (Tel. +41 (0)91 730 96 62), siehe auch S. 263, Velorückgabe in Locarno möglich

Locarno – (Ascona) – Losone – Tegna – Ponte Brolla – Locarno (Rundtour), 1h 30min (15km):

Die Altstadt von Locarno besichtigen, dann zur o. g. Veloroute am See fahren. Einen Abstecher nach Ascona machen (mit Strandbädern 98 und 99) oder gleich an der Maggia über Losone (mit 52) und Tegna (mit 53) zur eindrücklichen Maggiaschlucht bei Ponte Brolla (mit 54 und 55) hochradeln.

Velomiete in Locarno über Rentabike (Tel. +41 (0)91 869 14 39), Velospot, siehe auch S. 263, bei Belotti Sport, www.belottisport.ch, Tel. +41 (0)91 751 66 02, oder, am westlichen Ortsrand, 981 Nine Eight One (www.981bikeshop.ch, Tel. +41 (0)91 751 44 60), in Ascona bei Bike & Cicli Chiandussi (www.chiandussibike.ch, Tel. +41 (0)91 780 55 42). Rückfahrt nach Locarno auf der Strasse am linken Maggiaufer.

Cannobio – Orrido di Sant'Anna – Cannobio (Rundtour), 1h (8km):

Der markierte Veloweg führt am nördlichen Ufer des Flusses Cannobina in die Schlucht bei Sant'Anna mit schönem Strand 100. Auf der südlichen Talseite geht's zurück zur Seepromenade und zum kleinen Strand (Lido) von Cannobio.

Karte: www.lagomaggioreferien.com und bei den Infopoints in Cannobio (siehe S. 210)
Velomiete in Cannobio bei Cicli Prezan (www.cicliprezan.it, Tel. +39 0323 71230)

Pozzo di Tenero oberhalb des Felsriegels

96. Pozzo di Tenero

Liegeflächen

Schwimmen

Wassertemp.

11.30–17.00 Uhr

Unter der Strassenbrücke Gordola–Tenero liegt ein tiefes, oft um 19 Grad warmes Becken der Verzasca. Es ist umschlossen von hohen Felsen, von denen Jugendliche gerne runterspringen. Flussabwärts davon, nach einem Felsriegel, liegt ein leicht zugängliches Becken mit offenerem Ufer. Es ist um zwei Grad kälter, aber schon vormittags sonnig.

Gut dabeizuhaben: Eine Gartenschere leistet einem gute Dienste, um den Einstieg hinter dem Felsriegel nötigenfalls von Dornenzweigen zu befreien. Mückenschutz ist auch empfehlenswert, denn die kleinen Tiere lieben das Ufergebüsch vor Ort.

ÖV > 🚌 Tenero, Piazza > 🚶 ⚠ 10 min

🚶 Die Strasse aufwärtsgehen bis zu einer Treppe rechter Hand (100 m), dann den Wanderwegmarkierungen zum Verzasca-Becken folgen (250 m). ▶️

🚗 > 🅿 46.18043 8.85217 > 🚶 ⚠ 10 min

Von Norden her: A2-Ausfahrt «47-Bellinzona-Sud», dann Richtung «Locarno» und, sobald angeschrieben, «Tenero». In Tenero bis 130 m nach der Brücke über die Verzasca fahren. (Bzw. von Süden her: A13 in Richtung «Tenero» verlassen und bis 50 m oberhalb des Dorfplatzes von Tenero mit der o. g. Bushaltestelle fahren.) In die unauffällige Einbahnstrasse Via S. Nicolao abbiegen und ihr zu einem Parkplatz für etwa 40 Autos folgen. 🚶 Am Bildstock vorbei gelangt man zu einer kurvigen Strasse und folgt dieser hangabwärts. Wanderwegmarkierungen führen einen an die Verzasca. ▶️

▶ Das Ufer, wo es auch Picknickplätze gibt, aufwärtsgehen. Zum Felsriegel hinüberwaten, auf ihn hinaufsteigen, rechts halten und durch eine Lücke am Fuss eines grossen Felsens ins obere Becken waten.

≈ 46.18212 8.85310

Tipp

Grotto am Rebhang: Vom ¶ Grotto Scalinata (www.grotto-scalinata.ch, Tel. +41(0)91 745 29 81), in Tenero geht der Blick bis zum Lago Maggiore. Ab dem Kreisverkehr an der Hauptstrasse hält man Richtung «Mergoscia». 2 Minuten mit dem Auto ab dem Parkplatz des Pozzo di Tenero.

Pozzo di Tenero unterhalb des Felsriegels

97. Locarno: Lake View

| Liegeflächen | Schwimmen | Wassertemp. | 7.00–18.00 Uhr |

Zu den Trümpfen des Strandbads am Lago Maggiore gehört neben einer grossen Liegewiese und einem 150 Meter langen Sandstrand auch die entspannte Atmosphäre. Ausserdem ein Kinderspielplatz, ein Beachvolleyball-Feld und Verleih von SUP-Boards. Ab 17 Uhr ist der Eintritt frei. Hunde sind nur im Restaurant erlaubt.

Infos: www.lakeviewlocarno.com, Tel. +41(0)76 567 65 45

ÖV > 🚆 Locarno, Lido > 🚶 10 min
🚶 Der Strasse 500 m südwärts folgen.

🚗 > 🅿 46.15798 8.80172 > 🚶 3 min
Im Locarno-Umfahrungstunnel Richtung «Locarno» halten. Ab dem Kreisverkehr der Wegweisung «Camping Delta» zum Strandbad folgen – es liegt 600 m vor dem Camping.

≋ 46.15752 8.80364

Tipps

Locarno: Mit seiner Piazza Grande hat Locarno einen der grössten und schönsten Stadtplätze der Schweiz, und donnerstags findet dort ein Markt statt (9–17 Uhr). Von der Wallfahrtskirche Madonna del Sasso, zu der eine Zahnradbahn hochfährt, geniesst man einen grandiosen Blick über den See. 7 Minuten mit dem Auto, 25 Minuten zu Fuss zur Piazza Grande ab Lake View.

Den Strand für sich alleine: Ab Anfang Oktober ist das Lake View geschlossen, der Strand darf aber betreten werden. Er ist über den benachbarten Kamelienpark (Parco delle Camelie) zugänglich.

Strand des Lake View in Locarno >

98. Ascona: Lido

 Liegeflächen  Schwimmen  Wassertemp.  9.00–19.00 Uhr

Einen längeren Sandstrand findet man am Lago Maggiore nicht. Er misst 330 Meter und ist damit fast dreimal so gross wie der des benachbarten Strandbads Bagno pubblico 99. Der Lido ist schicker und ruhiger, weil viele Familien das Bagno pubblico wegen des freien Eintritts und des Kinderspielplatzes vorziehen. Zur reichen Ausstattung gehören ein Beachvolleyball-Feld, Tischtennis-Tische und ein Sprungturm. Gegen Zusatzgebühr gibt's auch Liegestühle, ein Wasserspielplatz, Bananenboot, SUP-Boards, Wakeboards und Tretboote, Massagen, Fitnesslektionen, abends Konzerte und Clubbing in der Lounge. Ab 17 Uhr freier Eintritt. Hunde sind nicht erlaubt.

Infos: www.lidoascona.ch, Tel. +41(0)91 780 55 70, Wasserspielplatz: www.giocosport.eu

Strand des Lido Ascona

ÖV > 🚉 Ascona, Via Pancaldi Mola > 🚶 10 min
🚶 Der Strasse 400 m südwärts folgen, dann links in die Via Lido abbiegen und ihr 500 m folgen. Alternative ab Ascona: mit dem Bus-Taxi BUXI / Linie 5 von 🚉 Autosilo bis 🚉 Ascona, Lido fahren (nur wenige Verbindungen, Fahrplan: www.centovalli.ch, Fahrt beim Fahrer bezahlen, ab 4 Personen Reservation mind. 1 Tag vorher erforderlich: Tel. +41 (0)91 791 77 77) und der Strasse noch 200 m folgen.

🚗 > P 46.14790 8.78216 > 🚶 1 min
Vom östlichen Altstadtrand von Ascona auf der zweitvordersten Strasse (nicht auf der Seestrasse) 800 m in Richtung Locarno fahren, dann ist das Lido ausgeschildert.

≈ 46.14615 8.78280

Tipps

Markt in Ascona: an der Seepromenade, dienstags 10.00–17.30 Uhr, Mitte Juli bis Mitte August auch freitags 15.00–22.30 Uhr).
Verstecktes Grotto: Im 🍴 Grotto Baldoria in einer engen Altstadtgasse von Ascona isst man in einer Reblaube zwischen alten Mauern (www.grottobaldoria.ch, Tel. +41 (0)91 791 32 98, Reservation empfohlen, P 46.15614 8.77150, 6 Minuten ab Lido; ab dem Parkhaus der Kirchhofmauer folgen, bis das Grotto ausgeschildert ist, 4 Gehminuten).

99. Ascona: Bagno Pubblico

Liegeflächen   Schwimmen   Wassertemp.   8.00–19.00 Uhr

Der Eintritt ist frei in dieses trubelige, bei Familien beliebte Strandband am Lago Maggiore. Der 130 Meter lange, tiefe Strand mit feinem Sand weckt Erinnerungen an Ferien am Meer. Nur gibt es hier viel Schatten von Bäumen. Zur Anlage gehört ein Kinderspielplatz mit Seeblick. Gegen Gebühr Benutzung von abschliessbaren Kleiderkästen, Verleih von Liegestühlen, Sonnenschirmen, Badekleidung und Badetüchern. Hunde sind nur im Restaurant erlaubt.

Infos: www.ascona-locarno.com > Suchfeld: Bagno pubblico Ascona, Tel. +41(0)91 791 12 73

Lago Maggiore

Strand des Bagno Pubblico in Ascona

ÖV > 🚍 Ascona, Via Pancaldi Mola > 🚶 10 min

🚶 Der Strasse 400 m südwärts folgen, dann links in die Via Lido abbiegen und bis zur ersten Strasse rechts gehen (130 m). Ab dort ist das Bagno pubblico ausgeschildert.
Alternative ab Ascona: mit dem Bus-Taxi BUXI/Linie 5 von 🚍 Autosilo bis 🚍 Ascona, Bagno pubblico fahren, Fahrplan und Infos siehe 98, dann den Wegweisern «Bagno pubblico» folgen.

🚗 > 🅿 46.14845 8.77937 > 🚶 1 min
Vom Kreisverkehr am östlichen Altstadtrand von Ascona auf der zweitvordersten Strasse (nicht auf der Seestrasse) 600 m in Richtung Locarno fahren (Via Lido), dann rechts abbiegen zum «Bagno pubblico».

🏊 46.14776 8.77878

100. Valle Cannobina (Italien) – Traffiume: Orrido di Sant'Anna

Liegeflächen   Schwimmen   Wassertemp.   9.00–17.00 Uhr

Am Ausgang einer engen Schlucht des Flusses Torrente Cannobino erstreckt sich ein 200 Meter langer Kiesstrand. Über die Schlucht spannt sich eine Steinbrücke, daneben thront malerisch die Kirche Sant'Anna. Es macht Spass, in die Schlucht mit ihren dramatischen Felsen hineinzuschwimmen. Das Wasser ist etwas trüb, seine Qualität aber gut.

Am Strand vor der Schlucht Orrido di Sant'Anna

In der Schlucht Orrido di Sant'Anna

Tipps

Schifffahrt: Mit dem Kursschiff der Linie
Locarno–Arona nach Cannobio, das auch bei
den Brissago-Inseln hält, oder zurück (Fahrplan:
www.navigazionelaghi.it, Tel. +39 0322 233230).
Von der Anlegestelle zur Kirche an der Haupt-
strasse spazieren und dort ab 🚆 Cannobio,
Piazza San Vittore einen Bus der Linie 3
(Richtung «Brissago» bis 🚆 Deposito Traffiume,
Halt auf Verlangen), 13/14 (Richtung «Brissago»
bis 🚆 Orrido, Halt auf Verlangen) oder 16 (bis
🚆 Traffiume) nehmen.
Markt in Cannobio: sonntags 8–15 Uhr mit über
300 Verkaufsständen an der Seepromenade,
Zollbestimmungen beachten
Mit dem Velo in die Schlucht: siehe S. 212,
dritten Kombitipp
Mineralwasser ab Quelle: An der Strasse in die
Schlucht liegt der Brunnen Fonte Acqua Carlina,
wo man seine Trinkwasservorräte aufstocken
kann, 🅿 46.05729 8.68318. Das Wasser soll
auch bei Bauchschmerzen helfen.

ÖV > 🚆 Deposito Traffiume > 🚶 20 min
 Linie 3 Brissago–Cannobio–Verbania, Halt bei
 dem inoffiziellen Stopp beim Fahrer verlangen
 (Fahrplan: www.rome2rio.com, from: Brissago,
 to: Cannobio bzw. umgekehrt, oder www.
 vcotrasporti.it, Tel. +39 0323 518611, Billette beim
 Fahrer). Abends fährt zusätzlich der «Summer
 City Bus» derselben Busgesellschaft von der
 Kirche Sant'Anna nach Cannobio zurück.

🚶 Westwärts gehen bis zur Brücke (200 m), dort
zum Uferweg hinunter und auf diesem 1 km
flussaufwärts. ▶|

🚗 > 🅿 46.06119 8.66819 > 🚶 5 min
Auf der Hauptstrasse durch Cannobio fahren, von Norden her
bis 1 km nach der Brücke in
Cannobio. Abbiegen Richtung «Traffiume»
und weiterfahren bis zu einer Abzweigung
(2,3 km). Der Seitenstrasse mit Bus-Verbots-
schild hangabwärts folgen und weiter bis zum
Parkplatz bei der Brücke (weitere Parkplätze
350 m weiter in Traffiume). Hinter der Kirche liegt das 🍴 Grotto Sant'Anna (www.face
book.com > Suchfeld: Grotto Sant'Anna, Tel.
+39 0323 70682, Reservation empfohlen). 🚶 ▶|

▶ Dem Treppenweg, der gegenüber der Kirche
beginnt, am wc vorbei zum Strand hinunter folgen.

≋ 46.05991 8.66913

VIRA (GAMBAROGNO)

Das pittoreske Dorf am Langensee hat einen fast intakten historischen Dorfkern, und die kleinen Gassen und Arkaden sind wie geschaffen fürs Flanieren.

101. Vira (Gambarogno): Spiaggia

| Liegeflächen | Schwimmen | Wassertemp. | 11.00–19.30 Uhr |

Der Stein-/Kiesstrand am Lago Maggiore ist schmal, aber 300 Meter lang, und die Seestrasse hört man kaum. Pappeln sorgen für etwas Schatten. Man kann auf einer Riesenschaukel schaukeln oder zu einem 50 Meter vom Ufer entfernten Floss hinausschwimmen. Kleine Kinder können an einem Bach spielen. In der hübsch gestalteten Beachbar kann man sich mit Drinks und Gelati versorgen. Spaziert man den Strand entlang nordwärts, gelangt man zur Schiffs-anlegestelle von Vira (nicht bedient) und zu einem 50 Meter langen, recht tiefen Strand vor der Häuserfront von Vira.

Strand von Vira (Gambarogno)

- -

ÖV > 🚌 Vira (Gambarogno), La Riva > 🚶 1 min
🚶 ▶|

🚗 > 🅿 46.14276 8.83974 > 🚶 1 min
Auf der Seestrasse bis zur o. g. Bus-haltestelle fahren, wo man hangsei-tig eine grosse Stein-Eisenbahnbrü-cke sieht, Parkplätze beidseits der Strasse. 🚶 ▶|

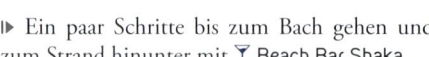

▶ Ein paar Schritte bis zum Bach gehen und zum Strand hinunter mit ☂ Beach Bar Shaka.

≋ 46.14341 8.83877

Tipp

Pozzo di Vira: In 5 Gehminuten erreicht man das hübsche Wasserfallbecken von Vira 102.

Strand und Kirche von Vira (Gambarogno) >

102. Pozzo di Vira

Liegeflächen   Schwimmen   Wassertemp.   9.30–17.30 Uhr

An diesem hübschen Wasserfallbecken der Vadina (Riale di Vira) steht ein hoher Felsen zum Springen. Von dort sind über eine glitschige Passage noch zwei obere Becken zugänglich.

- -

ÖV > 🚏 Vira (Gambarogno), La Riva > 🚶 3 min
🚶 ▶|

🚗 > 🅿 46.14276 8.83974 > 🚶 3 min
Auf der Seestrasse bis zur o. g. Bushaltestelle fahren, wo man hangseitig eine grosse Stein-Eisenbahnbrü-
cke sieht, Parkplätze beidseits der Strasse. 🚶 ▶|

▶ Der Strasse am Bach bachaufwärts folgen bis
an ihr Ende.

≋ 46.14234 8.84246

Pozzo di Vira

103. San Nazzaro (Gambarogno): La Puncia

Liegeflächen   Schwimmen   Wassertemp.   12.00–19.30 Uhr

Dieser schmale, 100 Meter lange Kiesstrand zwischen dem See und einer Mauer ist ein Geheimtipp. Zum einen fehlen ihm die Infrastruktur und Attraktionen, um Gäste in Massen anzuziehen. Zum anderen ist er von der Seestrasse her nicht sichtbar. Die beste Zeit, ihn zu besuchen, ist Mitte August bis Ende September. Bei trockenem Wetter ist er wegen des tiefen Seepegelstands dann oft doppelt so breit. Getränke und mehr sind in einer Pizzeria an der Seestrasse erhältlich. Den Verkehr der Seestrasse hört man ein wenig.

Strand La Puncia in San Nazzaro (Gambarogno)

ÖV > 🚌 S. Nazzaro, Molinetto > 🚶 3 min
🚶 ▶️

🚗 > 🅿️ 46.13041 8.79961 > 🚶 1 min
Auf der Seestrasse bis zur Brücke
beim 🍴 Ristorante Pizzeria Molinetto
fahren (www.molinetto.ch, Tel. +41
(0)91 794 19 73), daneben parkieren. 🚶 ▶️

▶️ Ein paar Schritte bis zum Bach gehen und
ihm zum Strand folgen. Den Steg überqueren
und noch ein paar Schritte weitergehen.

⚓ 46.13053 8.79859

GERRA (GAMBAROGNO)

Das Dorf auf einer kleinen Landzunge am Lago Maggiore bezaubert mit einer farbigen
Häuserfront, die man schon von der Seestrasse her sieht.

104. Gerra (Gambarogno): Bagno Spiaggia

Liegeflächen

Schwimmen

Wassertemp.

10.00–19.30 Uhr

Der 80 Meter lange Kiesstrand am Lago Maggiore bietet ein Floss im See, ein Sprungbrett,
Umkleidekabinen, Duschen und Toiletten. Dazu kommt eine sympathische Beachbar. Daneben
mündet ein Bach in den See – ein idealer Wasserspielplatz für kleine Kinder. Seeabwärts um
die Landzunge herum gelangt man bei tieferem Pegelstand zum nächsten Strand 105.

Strand Bagno Spiaggia in Gerra (Gambarogno)

ÖV > 🚡 Gerra (Gambarogno) oder
🚌 Gerra (Gambarogno), Paese > 🚶 5 min
🚶 Die Brücke überqueren. ▶️

🚗 > 🅿️ 46.12246 8.78388 > 🚶 1 min
Auf der Seestrasse bis nach Gerra
(Gambarogno) fahren, wo seeseitig
bei einem Bach ein schmaler Parkplatz für etwa 30 Autos liegt. 🚶 ▶️

▶️ Den Bach entlang zum Strand hinuntergehen
mit 🍸 Pachamama Snack Bar rechter Hand.

⚓ 46.12343 8.78343

105. Gerra (Gambarogno): Bagno Scimiana

Liegeflächen   Schwimmen   Wassertemp.   10.00–19.30 Uhr

Es ist angenehm ruhig in dieser 80 Meter langen Kies-/Sandbucht, weil die Geräusche der Seestrasse von einer Häuserzeile gedämmt werden. Bei tieferem Pegelstand kann man seeaufwärts um die Landzunge zum nächsten Strand 104 mit Beachbar spazieren.

![Strand Bagno Scimiana in Gerra (Gambarogno)]

Strand Bagno Scimiana in Gerra (Gambarogno)

ÖV > 🚌 Gerra (Gambarogno), Bagno > 🚶 3 min
🚶 ▶I

🚗 > 🅿 46.12061 8.78187 > 🚶 3 min
Auf der Seestrasse bis zur o. g. Bushaltestelle in Gerra (Gambarogno)
fahren, wo man parkieren kann. 🚶 ▶I

I▶ Der Seestrasse 90 m nordwärts folgen, dann
dem Wegweiser «Passaggio pubblico al lago»
zum Strand hinunter.

≈ 46.12141 8.78249

106. Maccagno (Italien): Spiaggia

Liegeflächen

Schwimmen

Wassertemp.

9.00–19.30 Uhr

Mit 400 Metern ist dieser Strand der längste am Lago Maggiore. Er schlägt auch den Lido in Ascona, besteht im Unterschied zu jenem aber nicht aus Sand, sondern aus Kies. Er liegt vor der öffentlichen Parkanlage Parco Giona mit hohen Bäumen, Kinderspielplatz, Skate-Park, Lounge-Bar, Duschen (oft nicht funktionstüchtig) und Toiletten. Meist ist am Strand viel los, die Stimmung ist aber entspannt, und es ist nicht allzu laut.

Am Strand von Maccagno (Italien)

Lago Maggiore

ÖV > 🚆 oder 🚌 Maccagno > 🚶 10 min

🚶 Zur Hauptstrasse hochgehen und dort rechts halten. Ab dem Supermarkt Unes der Wegweisung «Parco Giona» folgen. ▶️

🚗 > 🅿️ 46.04122 8.73314 > 🚶 1 min
Auf der Seestrasse bis nach Maccagno fahren. Dort beim Supermarkt Unes von der Hauptstrasse seewärts abbiegen und der Wegweisung «Parco Giona» zum Parkplatz folgen. 🚶 ▶️

▶️ Zum Strand ein paar Schritte durch den Park gehen.

≋ 46.04145 8.73184

Tipps

Schifffahrt: Das Kursschiff der Linie Locarno–Arona fährt über die Brissago-Inseln nach Maccagno (Fahrplan: www.navigazionelaghi.it, Tel. +39 0322 233230). Ab der Anlegestelle sind es 10 Gehminuten zum Strand.
Markt von Luino: 10 Autominuten südlich von Maccagno an der Seestrasse, mittwochs 9–16.30 Uhr, Zollbestimmungen beachten

111 Lido Casoro am Lago di Lugano, siehe S. 238

Sottoceneri

Am Luganersee findet man ein paar nette kleine Strände. In der Breggiaschlucht erhält man badend Einblick in die Erdgeschichte, und ein Sprung über die Grenze macht klar, dass es auch in Italien tolle Badeplätze gibt.

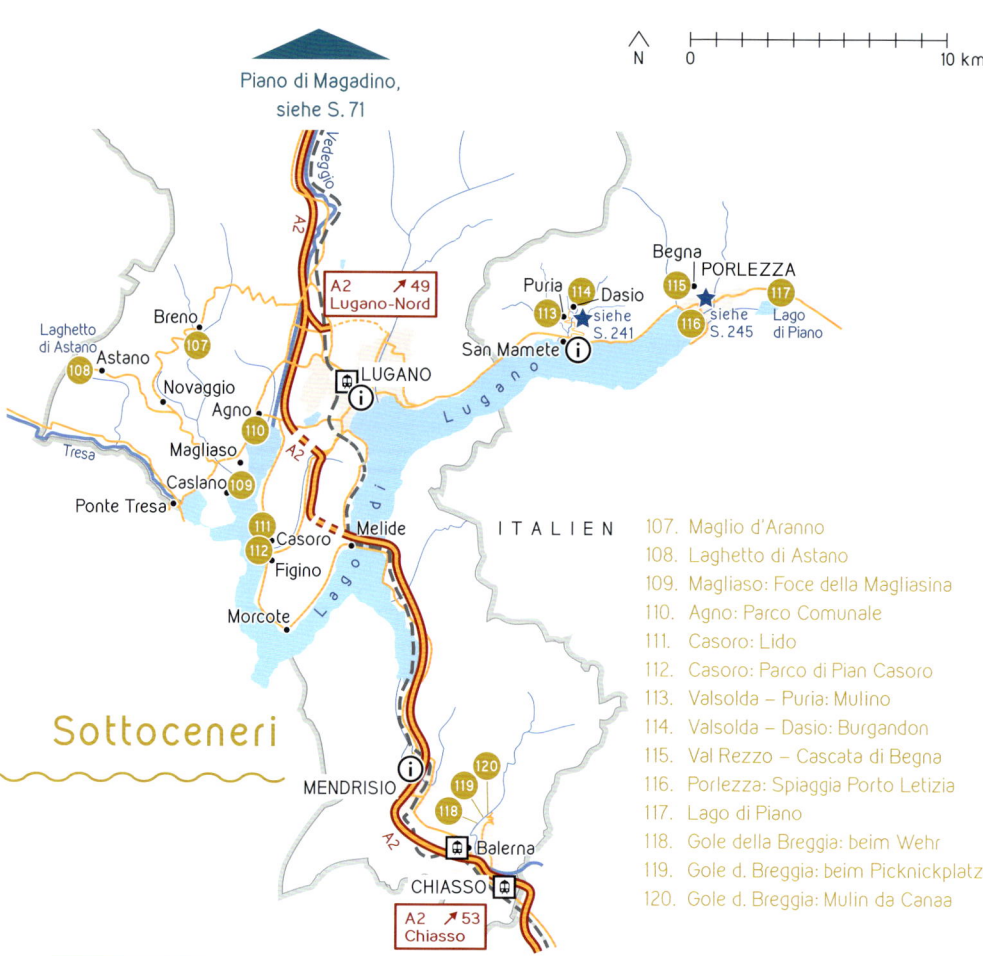

Piano di Magadino,
siehe S. 71

N   0 ———————————— 10 km

A2 ↗ 49
Lugano-Nord

A2 ↗ 53
Chiasso

Laghetto
di Astano
Astano **108**
Breno **107**
Novaggio
Agno
110
Magliaso
Caslano **109**
Ponte Tresa
Tresa
Melide
111
Casoro
112
Figino
Morcote
LUGANO ⓘ
Vedeggio
A2

Puria **113** Dasio **114** siehe S. 241
San Mamete ⓘ
Begna
115 PORLEZZA
116 siehe S. 245
117 Lago di Piano
Lago di Lugano

ITALIEN

Sottoceneri

MENDRISIO ⓘ
118 **119** **120**
Balerna
CHIASSO

107. Maglio d'Aranno
108. Laghetto di Astano
109. Magliaso: Foce della Magliasina
110. Agno: Parco Comunale
111. Casoro: Lido
112. Casoro: Parco di Pian Casoro
113. Valsolda – Puria: Mulino
114. Valsolda – Dasio: Burgandon
115. Val Rezzo – Cascata di Begna
116. Porlezza: Spiaggia Porto Letizia
117. Lago di Piano
118. Gole della Breggia: beim Wehr
119. Gole d. Breggia: beim Picknickplatz
120. Gole d. Breggia: Mulin da Canaa

Infos zur Region

Sottoceneri

Mendrisio Turismo:
ⓘ **Mendrisio:** im Foxtown Outlet-Center,
📍 45.87514 8.97962, 🚉 Mendrisio, S. Martino
Ente Turistico del Luganese:
www.luganoregion.com
Tel. +41(0)58 220 65 00
ⓘ **Lugano:** am Bahnhof, 📍 46.00505 8.94700, und
gegenüber Schiffsanlegestelle, 📍 46.00322 8.95147

Strandbäder am Lago di Lugano

www.badi-info.ch
www.luganoregion.com > Suchfeld: Öffentliche
Strand- und Freibäder

Valsolda, Italien

Pro Loco Valsolda:
www.prolocovalsolda.info
Tel. +39 (0)333 529 4574
ⓘ **San Mamete:** am Dorfplatz, 📍 46.02541 9.05355,
🚌 San Mamete – Piazza Roma

Geopark Gole della Breggia

Fondazione del Parco delle Gole della Breggia:
www.parcobreggia.ch
Tel. +41(0)91 690 10 29
ⓘ **Balerna:** 100 m unterhalb Besucherparkplatz,
📍 45.84934 9.01132

BADEN & WANDERN

Region Malcantone, Novaggio – Vinera – Maglio – Novaggio / Sentiero delle meraviglie (Rundtour), 2 h (6,5 km):
Der «Weg der Wunder» (markiert) führt ab Novaggio (🚌 Novaggio, Posta, daneben 🅿 46.00988 8.85765) zu einer renovierten historischen Hammerschmiede mit zwei Wasserfallbecken zum Baden 107. Am linken Ufer der Magliasina geht's zurück nach Novaggio. Dabei kommt man an Trockenmauern, Mühlen, Minen, Burgen und Brennöfen vorbei.

Infos zur Route und GPX-Daten: www.luganoregion.com > Suchfeld: Weg der Wunder

Region Mendrisiotto, Balerna – Gole della Breggia – Castel San Pietro – Balerna (Rundtour), 3 h (10 km):
In der Breggiaschlucht im unteren Muggiotal gibt es ästhetisch und erdgeschichtlich faszinierende Gesteinsformationen zu bestaunen. Die ersten Badestellen erreicht man beim Wehr beim ehemaligen Zementwerk 118. Schöne Becken findet man auf der Höhe des Picknickplatzes 119 und bei den Ruinen einer alten Mühle 120. Dann folgt man dem Wanderwegweiser «Chiesa rossa» zur leuchtend roten Kirche von Castel San Pietro hoch. Von dort führt der Weg zurück zum Zementwerk und aus der Schlucht hinaus.

Region Valsolda (Italien), San Mamete – Loggio – Puria – Castello – San Mamete (Rundtour), 1 h 45 min (4 km):
Siehe 113, Tipp und Wegbeschreibung, Hin- oder Rückreise mit dem Kursschiff möglich (Fahrplan: www.lakelugano.ch, Tel. +41 (0)91 222 11 11)

BADEN & BIKEN

Region Luganese, Granciao – Pambio-Noranco – Montagnola – Collina d'Oro – Casoro – Grancia (Rundtour), 1 h 30 min (12 km):
Ab Grancia dem Bach Scairolo nordwärts folgen und der Mountainbike-Wegweisung des Collina d'Oro Bike (Trail 352) nach Montagnola hoch. Dort südwärts halten Richtung Collina d'Oro («Goldhügel») mit 🍴 Grotto Posmonte (www.grotto-posmonte.ch, Tel. +41 (0)91 994 11 11). Auf Naturwegen geht's die Westflanke entlang weiter südwärts zu den Stränden von Casoro 111 und 112. Dabei kann man noch kleine Abstecher zur schönen Kirche San Tommaso von Agra (📍 45.96790 8.91287) und zum Aussichtspunkt Sasso delle Parole («Fels der Worte», 📍 45.95697 8.90690) machen. Den Bach Scairolo entlang fährt man nach Grancia zurück.

Infos zur Route: www.google.com > Suchfeld: Schweizmobil Collina d'Oro Bike (in der oben vorgestellten Route wird auf die Schlaufe beim Lago di Muzzano verzichtet)
Velomiete in Grancia bei Ponti Bici (www.pontibicisport.ch, Tel. +41 (0)91 94 50 08), in Pambio-Noranco über Publibike, siehe S. 263, und 2wheels Rental (www.2wheelsrental.com, Tel. +41 (0)76 361 96 61)

107. Maglio d'Aranno

Liegeflächen

Schwimmen

Wassertemp.

12.00–17.00 Uhr

Bei der historischen Hammerschmiede von Aranno im Val Magliasina liegen zwei zauberhafte Wasserfallbecken des Bachs Magliasina. Die Schmiede wurde als kleines Museum mit freiem Eintritt hergerichtet. Darin kann man beobachten, wie das Wasser die Hämmer der Schmiede antreibt.

Badebecken bei der historischen Hammerschmiede von Aranno

Sottoceneri

Das obere Becken bei der Hammerschmiede von Aranno

ÖV > 🚌 Breno, Ponte di Vello > 🚶 25 min
🚶 ▶️

🚗 > 🅿️ 46.03206 8.87979 > 🚶 30 min
A2-Ausfahrt «49-Lugano Nord»,
ab dort 25 km. Wegweisung «Ponte Tresa», dann «Lamone» folgen.
Im zweiten Kreisverkehr von Manno ausfahren
Richtung «Gravesano». Bei der Bushaltestelle
(570 m) die Bergstrasse nehmen. Vor der Kirche
von Mugena scharf links den Hang hinunter
abbiegen. Die erste Strasse rechts nehmen und
gleich wieder links. Die Strasse führt direkt zum
Parkplatz von Maglio. 🚶 Die Brücke überqueren
und bis zur Bushaltestelle gehen. ▶️

▶️ Ein paar Schritte südlich der Bushaltestelle
den Wanderweg nehmen. Die Wasserfallbecken
liegen ein paar Schritte unterhalb der Hammerschmiede mit 🍸 Buvette, die man nach 1,5 km
erreicht. Ins hintere Becken gelangt man durch
das vordere, oder man geht rechts am Nebenge-
bäude der Hammerschmiede vorbei und kraxelt
mithilfe eines Fixseils ans Wasser hinunter.

≈ 46.02474 8.86854

Tipp

Weg der Wunder: siehe S. 230, ersten
Kombitipp

108. Laghetto di Astano

Liegeflächen   Schwimmen   Wassertemp.   8.00–19.00 Uhr

Der rasengesäumte, privat bewirtschaftete Badeweiher von 110 Metern Länge liegt in einer bewaldeten Geländemulde. Er ist mit Restaurant, Toiletten, Umkleidekabinen, Dusche und Liegestühlen ausgestattet. Das Wasser wird bis 28 Grad warm. Der Eintritt ist frei, es ist auf dem Gelände aber nicht erlaubt,, mitgebrachte Getränke und Esswaren zu konsumieren. Hunde sind nur im Restaurant erlaubt. Der Weiher ist übrigens ein Anglerparadies. Man kann Ruten mieten und Holzwürmer kaufen, um Regenbogenforellen zu fischen. Den Fang bezahlt man pro Kilo.

Infos: www.ticino.ch > Suchfeld: Astano-See, Tel. +41(0)91220 96 81

Laghetto di Astano im Malcantone

ÖV > 🚌 Astano, Paese > 🚶 10 min

🚶 Der Hauptstrasse westwärts folgen bis zu einer Linkskurve (300 m). Ab dort ist der Laghetto di Astano ausgeschildert.

🚗 > 🅿 46.01298 8.80790 > 🚶 1 min

A2-Ausfahrt «49-Lugano Nord», dann Wegweisung «Ponte Tresa» folgen bis zum Kreisverkehr in Caslano, dann der Wegweisung «Astano». Das Dorf Astano durchqueren bis zu einer Linkskurve, wo man geradeaus Richtung «Laghetto» weiterfährt.

≈ 46.01322 8.80669

Sottoceneri

109. Magliaso: Foce della Magliasina

Liegeflächen   Schwimmen   Wassertemp.   7.30–19.00 Uhr

Der 50 Meter lange, breite Sand-/Kiesstrand am Lago di Lugano befindet sich auf dem Delta des Bachs Magliasina. Am Rand kann man im Schatten von Bäumen liegen.

Am Lago di Lugano bei Magliaso

ÖV > 🚃 Magliaso > 🚶 15 min

🚶 Der Strasse, die beim Wanderwegweiser «Passeggiata Via Pastura» beginnt, bis an ihr Ende folgen (900 m) und rechts weiter bis zum r. g. Parkplatz bei der 🍴 Osteria La Foce (Tel. +41 (0)91 606 46 59). 🚶 ▶|

Tipp

Markt von Lavena Ponte Tresa: samstags 8–18 Uhr auf der Piazza Mercato (gegenüber Via Rapetti 1), 5 Minuten mit Zug oder Auto von Magliaso entfernt, Zollbestimmungen beachten

🚗 > 🅿 45.97540 8.89300 > 🚶 5 min

A2-Ausfahrt «49-Lugano-Nord», dann Wegweisung «Ponte Tresa» folgen bis Magliaso. Bei der Agip-Tankstelle links abbiegen Richtung «Cimitero». Der Strasse bis zur Ortstafel von Caslano folgen (1 km), links abbiegen und bis zum Parkplatz bei der 🍴 Osteria La Foce fahren. 🚶 ▶|

▶ Dem Waldweg zum Strand folgen (300 m).

≈ 45.97309 8.89290

110. Agno: Parco Comunale

 Liegeflächen
 Schwimmen
 Wassertemp.
 7.00–19.00 Uhr

Im grossen öffentlichen Park am Lago di Lugano stehen hohe alte Bäume. Er hat einen kleinen Sandstrand, wo man SUP-Boards mieten kann. Ein Spielplatz, ein Tischtennis-Tisch und Toiletten gehören auch zur Anlage. Drinks und Snacks gibt es in der Bar des nahegelegenen Campings und von Freitag bis Sonntag in der Bar des benachbarten Strandbads Lido di Agno (dann freier Eintritt in die Bar). Hunde sind nicht erlaubt. Nachts wird der Park geschlossen.

Am Lago di Lugano bei Agno

ÖV > 🚌 Agno > 🚆 Agno, Posta/FLP > 🚶 10 min
Südlich des Bahnhofs bis zum Bach gehen und ihm zum Park mit Strand folgen.

🚗 > 🅿 45.99370 8.90255 > 🚶 5 min
A2-Ausfahrt «49-Lugano-Nord», dann Wegweisung «Ponte Tresa» folgen bis Agno. Links halten Richtung «Ponte Tresa» und kurz danach von der Hauptstrasse Richtung «P» abbiegen. Geradeaus zum Bahnhof weiterfahren.
Vor dem Bahnhof rechts halten. Die Bahngeleise überqueren und geradeaus halten bis zur Querstrasse «Via Acquacalda» (beschildert). Diese führt zum Parkplatz, von wo ein Weg zum Strand führt (130 m).

🏊 45.99230 8.90145

Tipp

Terrasse unter Kastanien: 🍴 **Ristorante Grotto Riviera**, Agno (www.ristoranteriviera.ch, Tel. +41(0)91 605 2155, 🅿 46.00158 8.89736), 1 Kilometer nördlich des Parks von Agno am Hangfuss

Sottoceneri

235

Lago di Lugano bei Agno

Am Lago di Lugano beim Lido Casoro

111. Casoro: Lido

Liegeflächen   Schwimmen   Wassertemp.   8.00–18.30 Uhr

Die Badewiese am Lago di Lugano ist auch als Spiagetta di Figino bekannt. Von einer kleinen Kies-Landzunge hat man einen Prachtsblick auf den Monte Castelletto. Entlang einer Hecke findet man Schatten. In der Hochsaison ist im benachbarten Parco di Pian Casoro 112 meist ein Snackwagen stationiert.

- -

ÖV > 🚌 Barbengo, Ca Rosa > 🚶 3 min
🚶 Zum Parkplatz gehen. ▶️

🚗 > 🅿️ 45.95345 8.90527 > 🚶 3 min
Auf der Seestrasse bis zum grossen Parkplatz in Casoro fahren. 🚶 ▶️

▶️ Beim kleinen Haus mit Säulen (darin wc) den Weg zum See nehmen.

🌅 45.95418 8.90380

112. Casoro: Parco di Pian Casoro

Liegeflächen   Schwimmen   Wassertemp.   8.00–18.30 Uhr

Der 60 Meter lange Kiesstrand am Lago di Lugano liegt vor dem Parco di Pian Casoro, einer grossen Wiese mit ein paar hohen Bäumen. In der Hochsaison steht dort meist ein Snackwagen.

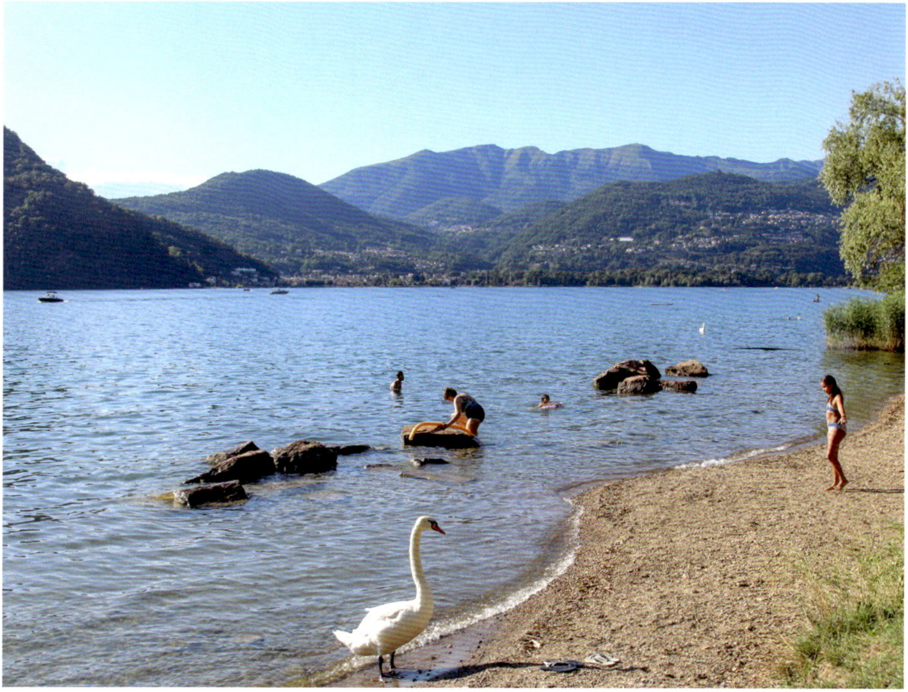

Am Lago di Lugano beim Strand des Parco di Pian Casoro

- -

ÖV > 🚌 Barbengo, Ca Rosa > 🚶 5 min
🚶 Zum Parkplatz gehen. ▶️

🚗 > 🅿 45.95345 8.90527 > 🚶 5 min
Auf der Seestrasse bis zum grossen Parkplatz in Casoro fahren. 🚶 ▶️

▶️ Am Ende des Parkplatzes dem Trampelpfad über die Wiese folgen.

≋ 45.95270 8.90276

VALSOLDA (ITALIEN)

Die waldigen Hänge dieser Region am Nordufer des Lago di Lugano sind von Schluchten durchzogen und mit farbenfrohen Dörfern gespickt. Die Region gehört zur italienischen Provinz Como.

113. Valsolda (Italien) – Puria: Mulino

Liegeflächen   Schwimmen   Wassertemp.   11.00–16.00 Uhr

Zwischen flachen Felsen fliesst der Torrente Soldo durch kleine Becken und Planschstellen. Im Bachbett kann man die Schlucht noch bachaufwärts erkunden. Bei einem fünf Meter hohen Wasserfall nach 700 Metern bzw. etwa 45 Minuten muss man umkehren.

Bei den Badebecken von Puria

ÖV > 🚌 Puria – Bivio per Castello > 🚶 15 min
Linie C12 Lugano – Porlezza – Menaggio bis
🚌 San Mamete – Bivio Sasso Rosso (Halt auf Verlangen), dort umsteigen in einen kleineren Bus derselben Linie Richtung «Lugano» (Fahrplan: www.google.com > Suchfeld: asfautolinee c12 (Jahr), Tel. +39 0312 47293). Rückweg: nur wenige Verbindungen von Puria zum See hinunter, deshalb besser zu Fuss über das hübsche Bergdorf Castello und den dort beginnenden ehemaligen Maultierpfad Via Ceresio nach San Mamete hinunter (40 min)

🚶 Dem Wegweiser «Castello» folgend bis zur Brücke spazieren (600 m). ▶

🚗 > 🅿 46.03291 9.04924 > 🚶 1 min
Ab Lugano auf der Seestrasse ostwärts fahren bis 3,3 km nach Zoll. Dort führt eine Bergstrasse nach Puria hoch (ausgeschildert). Dem Wegweiser «Castello» zur Brücke folgen (600 m), wo es Parkgelegenheiten gibt. 🚶 ▶

▶ Am rechten Ufer zu den Becken hochgehen, die auf 200 m verteilt sind.

≈ 46.03347 9.04906

Becken im Wald

Der Wasserfall von Loggio

Tipps

★ Wasserfall von Loggio: Nur bis San Mamete (Como) an der Seestrasse fahren (🚌 San Mamete – Piazza Roma, Linie C12 Lugano – Porlezza – Menaggio, Fahrplan siehe Wegbeschreibung, bzw. 🅿 46.02457 9.05220). Ab dem Dorfplatz dem Wanderweg zur Kirche von Loggio hoch folgen und weiter bis zu einem Steg. Dort führt am rechten Ufer ein Trampelpfad zum Wasserfall von Loggio (📍 46.03166 9.05948, Sonne ca. 12.00–14.30 Uhr). Vom Steg geht's weiter den Hang hoch bis zur Strasse, dann auf dieser westwärts zu den Becken von Puria.
Romantikrestaurant am See: 🍴 Albergo-Ristorante Stella d'Italia in San Mamete (Como) (www.stelladitalia.com, Tel. +39 0344 68139, 🅿 46.02458 9.05227, 🚌 San Mamete – Piazza Roma), mit Kiesterrasse unter Rosenbögen

114. Valsolda (Italien) – Dasio: Burgandon

Liegeflächen

Schwimmen

Wassertemp.

13.30–18.30 Uhr

In der kleinen Waldschlucht Valle di Bronzone liegen ein paar hübsche Mini-Wasserfallbecken des Torrente Soldo. Das Dorf Dasio mit seiner grossen gelben Kirche, wo man startet, hat einen sehenswerten alten Dorfkern.

Badebecken bei Dasio

Oberes Becken

ÖV > 🚌 Dasio – Piazza Chiesa > 🚶 15 min
Linie C12 Lugano – Porlezza – Menaggio bis
🚌 San Mamete – Bivio Sasso Rosso (Halt auf Verlangen), dort umsteigen in einen kleineren Bus derselben Linie Richtung «Lugano» (Fahrplan siehe 113)

🚶 ▶|

🚗 > 🅿 46.03661 9.06089 > 🚶 15 min
Ab Lugano auf der Seestrasse ost-wärts fahren bis 3,3 km nach Zoll. Dort führt eine Bergstrasse nach Dasio hoch (ausgeschildert). Bei der Kirche kann man parkieren. 🚶 ▶|

▶| In den Dorfkern hochspazieren (50 m), rechts abbiegen und dem Weg bis zu einem Steg über einen Bach folgen (350 m). Das erste Becken 🏊 liegt unmittelbar oberhalb des Stegs. Zum nächstoberen gelangt man durch das erste oder über einen Trampelpfad am linken Ufer. Folgt man diesem weiter, kann man noch zu einem Becken mit doppelter Wasserfall-Dusche hin-untersteigen (5 min über dem ersten Becken).

🏊 46.03942 9.06377

115. Val Rezzo (Italien) – Cascata di Begna

Liegeflächen   Schwimmen   Wassertemp.   8.00–11.00 Uhr

Der kleine Wasserfall des Bergbachs Torrente Rezzo zieht viele Besucherinnen und Besucher an. Sie stellen sich zur Erfrischung und für Fotos gerne darunter.

Cascata di Begna

ÖV > 🚌 Porlezza – Via Statale (Pralivana) >
🚶 45 min
Fahrplan siehe 113

🚶 An der Hauptstrasse bis zum Lichtsignal gehen (150 m). Rechts abbiegen Richtung «Val Rezzo». Nach rund 200 m, in der Kurve, den Weg geradeaus nehmen und ihm zum Parkplatz bei der Kirche folgen. ▶I

🚗 > 🅿 46.04195 9.12690 > 🚶 20 min

Auf der Seestrasse nach Porlezza fahren. Im Kreisverkehr dem Wegweiser Richtung «Val Rezzo» folgen. Beim Lichtsignal (600 m) links den Hang hoch halten Richtung «Val Rezzo» bis zum Parkplatz bei der Kirche. 🚶 ▶I

▶I Oberhalb des Parkplatzes nach rechts abbiegen und der gepflasterten Strasse zum Weg zur «Cascata» (beschildert, 100 m) folgen, dann diesem. Bei einem grossen Bildstock (500 m) den Trampelpfad Richtung «Ponte romano orrido» zur alten Steinbrücke hinunter nehmen und am rechten Ufer zum Wasserfall hochgehen.

≋ 46.04280 9.11974

116. Porlezza (Italien): Spiaggia Porto Letizia

Liegeflächen

Schwimmen

Wassertemp.

8.30–19.00 Uhr

Der 100 Meter lange Sandstrand am Lago di Lugano ist beliebt. Es gibt eine Liegewiese mit hohen Bäumen, Kinderspielplatz und Fussballwiese. In der Beachbar Panama Beach kann man Liegestühle und Sonnenschirme mieten, am Ende des Strands Segelboote, Kanus, Windsurf-, Windsurf-Foil- und SUP-Boards.

![Spiaggia Porto Letizia in Porlezza (Italien)]

Spiaggia Porto Letizia in Porlezza (Italien)

- -

ÖV > 🚌 Porlezza – Piazza Matteotti > 🚶 10 min
 Fahrplan siehe 113

🚶 Dem Seeufer südwärts zum Strand folgen (700 m).

- -

🚗 > 🅿 46.03368 9.12430 > 🚶 5 min
Auf der Seestrasse nach Porlezza fahren. Den Kreisverkehr von Porlezza in Richtung «Menaggio» verlassen und die nächste Strasse rechts nehmen. 500 m geradeaus fahren bis zu einer gepflasterten roten Strasse rechts und auf dieser geradeaus zum öffentlichen Parkplatz vor dem Hotel Porto Letizia. 🚶 Dem Weg vor dem Hotel nach links zur 🍸 Beach Bar Panama Beach und zum Strand folgen (250 m).

≈ 46.03134 9.12336

Wasserfall von Porlezza

Tipp

Markt in Porlezza: samstags 8.30–17.00 Uhr auf der Seepromenade, Zollbestimmungen beachten

★ **Wasserfall von Porlezza:** Am Ortsrand am Hangfuss von Porlezza findet sich ein schattiger, aber fotogener dreigeteilter Wasserfall des Torrente Rezzo (♀ **46.04093 9.12365**, Sonne ca. 16.00–17.30 Uhr). Von der Hauptstrasse Richtung «Val Rezzo» abbiegen, die erste Strasse links nehmen und vor der Kirche rechts abbiegen. Parkmöglichkeiten 100 Meter nach der Kirche linker Hand erhöht, P **46.03912 9.12229** (nicht weiterfahren, die Sackgasse wird immer enger, und man kann nicht wenden). Zuerst der Via Rezzo folgen, dann einem kurzen rutschigen Trampelpfad über Felsen. 20 Gehminuten ab der auf S.244 genannten Bushaltestelle.

Zurück mit dem Schiff: Fahrplan siehe S.230, dritten Kombitipp

117. Lago di Piano (Italien)

Liegeflächen

Schwimmen

Wassertemp.

8.30–15.30 Uhr

Der kleine See mit unverbautem grünem Ufer und einem grossen Schilfgürtel wird sehr warm. Man blickt auf bewaldete Hügel. Der Strand am Nordufer ist zwar schmal, aber 150 Meter lang. Viele Familien, die auf dem dahinterliegenden Campingplatz Urlaub machen, kommen zum Baden her.

Lago di Piano (Italien)

ÖV > 🚌 Piano – Mulino > 🚶 3 min
Fahrplan siehe 113

🚶 ▶|

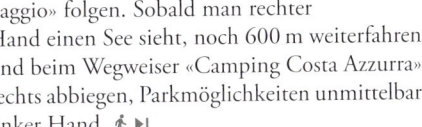

🚗 > P 46.04189 9.16869 > 🚶 3 min
Auf der Seestrasse nach Porlezza fahren, dann Wegweisung «Menaggio» folgen. Sobald man rechter Hand einen See sieht, noch 600 m weiterfahren und beim Wegweiser «Camping Costa Azzurra» rechts abbiegen, Parkmöglichkeiten unmittelbar linker Hand. 🚶 ▶|

▶| Zum See die Strasse hinuntergehen (200 m).

≋ 46.04040 9.16716

Am Lago di Piano (Italien)

GOLE DELLA BREGGIA

Die Breggiaschlucht im unteren Valle di Muggio ist für ihre besonderen Felsformationen bekannt: Rötliche Felsrippen ragen fast senkrecht aus dem Fluss empor. Die Breggia hat Gesteinsschichten freigelegt, die bis 200 Millionen Jahre alt sind. Ein solcher Einblick in die Erdgeschichte ist weltweit einzigartig. 2001 wurden die Gole della Breggia deshalb zum ersten Geopark der Schweiz erklärt. An ihrem Ausgang ist die Schlucht noch recht offen. Der Wanderweg führt an Wiesen und alten Zementfabriken vorbei. Dann wird die Schlucht immer enger, und man geht im Wald.

118. Gole della Breggia: beim Wehr beim Zementwerk

 Liegeflächen    Schwimmen    Wassertemp.    9.00–16.30 Uhr

Dieser Badeplatz hat einen herb-industriellen Charme: Er liegt neben den Ruinen des ehemaligen Zementwerks Saceba. Im Becken unterhalb des Wehrs davon kann man etwas schwimmen. Das Becken oberhalb davon ist seicht, hat aber einen kleinen Strand.

- -

ÖV > 🚆 Balerna > 🚶 30 min

🚶 Den Wanderwegweisern «Parco Gole della Breggia» zum Besucherparkplatz des Naturparks Breggiaschlucht folgen (750 m). Von dort weiter geradeaus gehen oder noch einen Abstecher zum Besucherzentrum der Breggiaschlucht in der alten Mühle Ghitello machen (300 m, mit 🚻). In denselben Gemäuern befindet sich die 🍷 Corte del Vino Ticino (cortedelvinoticino.ch), Tel. +41 (0)91 695 75 52) mit Terrasse und grosser Auswahl Tessiner Weine. ▸I

🚗 > 🅿 45.85045 9.01136 > 🚶 20 min
A2-Ausfahrt «53-Chiasso», dann Richtung «Balerna» und, sobald angeschrieben, «Morbio Inferiore» halten. Dann den braunen Wegweisern «Parco delle Gole della Breggia» zum Besucherparkplatz folgen. 🚶 ▸I

▸I Den Wanderwegweisern zur Breggia hinunter folgen und weiter, flussaufwärts, bis zum Betongerippe eines ehemaligen Zementwerks (1 km). Daneben liegt das Stauwehr in der Breggia.

≋ 45.85672 9.01315

Tipps

Fotogener Schlitz: Geht man oberhalb des Wehrs auf dem unteren rechtsufrigen Uferweg etwa 150 Meter weiter, erreicht man eine besonders eindrückliche Stele der Schlucht mit den für sie typischen Felsrippen, siehe Foto auf S. 250 f.

Grotto am Hang: 200 Meter oberhalb der Zementfabrik liegt das 🍴 Grotto del Mulino (www.grottomulino.com, Tel. +41 (0)91 683 1180, 🅿 45.85476 9.01284) mit einer Gartenterrasse unter Bäumen.

In der Breggiaschlucht beim Wehr beim ehemaligen Zementwerk

Breggiaschlucht oberhalb des Wehrs

119. Gole della Breggia: beim Picknickplatz

Liegeflächen   Schwimmen   Wassertemp.   13.00–18.00 Uhr

Das versteckte Becken in einer Biegung der Breggia liegt am Fuss einer Felswand, von der man hinunterspringen kann. Man erreicht es durch das Flussbett beim Picknickplatz. Ab jenem führt ein Trampelpfad zu einer eindrücklichen Stelle der Schlucht oberhalb des Badebeckens, wo die typischen Felsenschichten besonders markant sind.

Badebecken beim Picknickplatz in der Breggiaschlucht

ÖV > 🚇 Balerna > 🚶 ⚠ 50 min
siehe auch Infos in Wegbeschreibung von 118

🚶 Der Wanderwegweisung «Parco Gole della Breggia» zum Picknickplatz mit jenem Wegweiser-Standort folgen. ▶

🚗 > 🅿 45.85045 9.01136 > 🚶 ⚠ 40 min
siehe auch Infos in Wegbeschreibung von 118

A2-Ausfahrt «53-Chiasso», dann Richtung «Balerna» und, sobald angeschrieben, «Morbio Inferiore» halten. Dann den braunen Wegweisern «Parco delle Gole della Breggia» zum Besucherparkplatz folgen. 🚶 Der Wanderwegweisung «Parco Gole della Breggia» zum Picknickplatz mit diesem Wegweiser-Standort folgen. ▶

▶ Am Anfang des zweiten Holzzauns beim Picknickplatz über die bewaldete Böschung ins Bachbett hinuntersteigen und darin aufwärtsgehen bis zur Flussbiegung.

≋ 45.86009 9.01538

120. Gole della Breggia: Mulin da Canaa

 Liegeflächen    Schwimmen    Wassertemp.    11.00–17.00 Uhr

Aus diesem schönen Becken der Breggia ragen die für die Schlucht typischen, markanten Felsrippen empor. Es liegt unterhalb der Ruinen der Mühle von Canaa.

Becken bei der Mulin da Canaa in der Breggiaschlucht

- -

ÖV > 🚌 Balerna > 🚶 ⚠ 60 min
   siehe auch Infos in Wegbeschreibung von 118

🚶 Der Wanderwegweisung «Parco Gole della Breggia» zum Picknickplatz mit jenem Wegweiser-Standort folgen. ▷❘

🚗 > 🅿 45.85045 9.01136 > 🚶 ⚠ 50 min
   siehe auch Infos in Wegbeschreibung von 118

A2-Ausfahrt «53-Chiasso», dann Richtung «Balerna» und, sobald angeschrieben, «Morbio Inferiore» halten. Dann den braunen Wegweisern «Parco delle Gole della Breggia» zum Besucherparkplatz folgen. 🚶 Der Wanderwegweisung «Parco Gole della Breggia» zum Picknickplatz mit jenem Wegweiser-Standort folgen. ▷❘

▷▶ Vom Picknickplatz, von dem man über einen Trampelpfad noch zu einer besonders schönen Stelle der Schlucht mit vielen Felsrippen hinuntersteigen kann, dem Wanderweg weiter schluchtaufwärts folgen bis zur Mühle von Canaa (300 m ab Picknickplatz).
Alternativ ab dem Picknickplatz das Bachbett hochwaten.

≋ 45.86040 9.01738

Tipp

Rundwanderung in der Breggiaschlucht:
siehe S.230, zweiten Kombitipp

Gut und sicher
unterwegs

An Flüssen, Bächen und Seen kann man herrliche, abwechslungsreiche Stunden erleben. Gefahren lassen sich mit den richtigen Informationen und der nötigen Vorsicht vermeiden.

SICHERHEIT IM WASSER

KALTES WASSER

Nicht überhitzt ins Wasser springen. Der Körper braucht Anpassungszeit. Langsam hineingehen und die Arme eintauchen. Wenn man beim Baden friert, das Wasser frühzeitig verlassen. Unterkühlung kann zu Muskelkrämpfen führen.

Sind die Tessiner Seen und Flüsse sauber?

In den Tessiner Gewässern kann man bedenkenlos baden – die hygienische Qualität ist fast überall ausgezeichnet. Aktuelle Beurteilungen sind auf folgenden Online-Karten abrufbar:

Flüsse und Seen des Tessins:
www.oasi.ti.ch > balneabilita
Seen des Tessins und Fluss Cannobino in Italien (siehe 100):
www.ee.eea.europa.eu > Suchfeld: State of bathing waters in 2020

STRÖMUNGEN

Die Kraft fliessenden Wassers wird leicht unterschätzt, besonders wenn der Bach oder Fluss schmal ist. An Tagen nach Regenfällen kann die Strömung besonders gefährlich werden. Am besten verzichtet man dann auf das Baden in fliessenden Gewässern. Es ist grundsätzlich empfehlenswert, den Bach oder Fluss zu beobachten, bevor man hineinsteigt. Welchen Weg nimmt das Wasser? Wo fliesst es langsam, wo schnell? Zieht es unter Felsblöcken hindurch, unter denen man eingeklemmt werden könnte? In Flussbecken ist das Baden in ihrem oberen Bereich meist sicherer, weil die Strömung langsamer ist als im unteren Bereich, wo es schmaler wird.

Achtung vor tückischen Strömungen: am Fluss Isorno unterhalb Loco **78**

An engen Stellen von Bächen und Flüssen findet man mitunter «Sprudelbecken». Sie sehen erfrischend aus und versprechen viel Spass, sind aber trügerisch. Die Strömung kann unerwartet stark sein und Personen unter Wasser ziehen. Man sollte sich nur dort umsprudeln lassen, wo die Strömung schwach ist und man im Gewässerbett sitzen kann.

WASSERFÄLLE

Unter Fällen können sich Walzen bilden, die Badende unter Wasser ziehen und dort festhalten. Besonders nach Regen besteht auch das Risiko, dass Steine oder Schwemmgut herunterfallen. Am sichersten ist es, Abstand zu halten.

Droht ein Gewitter?

Recht zuverlässige aktuelle Wettervorhersagen sind über Meteo Schweiz abrufbar: App MeteoSwiss (gratis), siehe dort auch > Animationen > Niederschlag www.meteoschweiz.ch, Tel. 0900 162 333 (2.90 CHF / min)

Regen kann einen Fluss innerhalb kürzester Zeit reissend werden lassen: Normalwasser und Hochwasser der Verzasca unterhalb des Stegs von Posse 40

PLÖTZLICHE HOCHWASSER

Gewitter und Wasserablassungen von Kraftwerken können Gewässer innerhalb kurzer Zeit stark anschwellen lassen. Sie werden reissend und führen oft Schwemmgut wie spitze Äste mit. Auch wenn der Himmel über dem Badeplatz blau ist, sollte man sich nicht in Sicherheit wiegen. Es ist möglich, dass weiter oben im Einzugsgebiet Gewitter aufgetreten sind und schon viel Wasser unterwegs ist. Unterhalb enger Stellen sind auch Sturzfluten nicht ausgeschlossen. In seltenen Fällen lassen die Tessiner Kraftwerke auch an Schönwettertagen Wasser ab. An Bächen und Flüssen mit einer Wasserfassung oder einem Stausee flussaufwärts muss darum immer mit einem plötzlichen Wasseranstieg gerechnet werden. An den betreffenden Badeplätzen sind Warntafeln aufgestellt. Man sollte beim Baden aufmerksam bleiben und das Bach- oder Flussbett gegebenenfalls innerhalb von zwei, drei Minuten verlassen. Eine Sturzflut infolge Wasserablassungen braucht man allerdings nicht zu fürchten. Die Tessiner Kraftwerke lassen Wasser progressiv ab. Infos sind unter www.ofible.ch abrufbar.

SPRINGEN

Achtung vor Felsen unter Wasser: an der Verzasca bei Ganne 44

Ein Sprung ins kühle Nass ist herrlich. Aber Achtung: Man sollte immer prüfen, ob die Sprungstelle sicher ist, auch wenn man sie kennt. Besonders Hochwasser können einen Bach oder Fluss stark verändern. Tiefe Becken können sich mit Geschiebe gefüllt haben, und unter der Wasseroberfläche können Felsblöcke oder kleine Bäume in ein Becken geschwemmt worden sein. Am besten erkundet man die Sprungstelle im Wasser mit einer Taucher- oder Schwimmbrille. Wenn man von weit oben springt oder eine neue Figur ausprobiert, sollte jemand im Wasser auf

Internationale Notrufnummer
Tel. 112

einen warten. Diese Person könnte einen retten, wenn man nach einer ungünstigen Landung ohnmächtig wird. Nicht zuletzt sollte man prüfen, ob man aus einem Becken auch wieder herauskommt. Manche Becken haben einen glatten und steilen Rand oder sind von glitschigen Algen bewachsen.

RUTSCHEN

Auch bevor man eine steinerne Wasserrutsche hinuntersaust, sollte man vorgängig ein paar Dinge abklären: Ist das Becken tief genug? Sind unter der Wasseroberfläche Felsblöcke oder spitze Äste verborgen? Und kommt man aus dem Becken auch wieder hinaus? Zum Rutschen verschränkt man die Arme am besten vor der Brust. Das verhindert beim Eintauchen Schläge in die Schultern, die zur Auskugelung der Gelenke führen könnten. Das Kinn legt man auf die Brust, damit der Hinterkopf geschützt ist. Die Beine spannt man an. Seitwärts geneigte Rutschflächen sollte man meiden, da man in Schräglage geraten und sich das Gesicht verletzen könnte. Auf unebenen Rutschflächen kann man sich die Haut aufschürfen.

Auch Rutschen sollte man gut anschauen: am Pozz Borgh 11

WEIT SCHWIMMEN

Lange Strecken sollte man nicht alleine schwimmen. Auch guttrainierte Personen können einen Muskelkrampf bekommen oder eine Schwäche erleiden. In Seen eignet sich eine Schwimmboje für das Freiwasserschwimmen. Damit ist man für Bootslenker – und im Notfall für Rettungskräfte – besser sichtbar.

Nicht mit vollem oder leerem Magen schwimmen. Nach Mahlzeiten ist das Gehirn weniger gut durchblutet, was Schwindel auslösen kann. Hat man umgekehrt lange nichts gegessen, kann es passieren, dass man wegen eines Hungerasts plötzlich die Kraft verliert. **ESSEN**

Nicht alkoholisiert oder unter anderem Drogeneinfluss ins Wasser gehen bzw. springen. Man könnte seine Fähigkeiten überschätzen und Gefahren verkennen. **ALKOHOL UND ANDERE DROGEN**

Am und im Wasser sollte man Kinder nicht aus den Augen lassen, auch wenn sie Schwimmflügel tragen oder ein Badegerät dabeihaben. Kleinkinder sollte man in Griffnähe behalten. Für sie ist schon seichtes Wasser gefährlich. **KINDER**

Im flachen Wasser von Seeufern, wo sich viele Enten aufhalten, können Badende von mikroskopisch kleinen Saugwurm-Larven befallen werden. Die Saugwürmer leben im Darm von Enten. Das löst einen stark juckenden Hautausschlag aus. Man sollte Risikozonen meiden oder nach dem Baden sofort duschen, sich mit einem Tuch gut abtrocknen und die Badekleidung wechseln. Zerkarien-Stiche können wie Mückenstiche mit antiallergischen, juckreizlindernden Gels behandelt werden. Bei einem starken Ausschlag helfen antiallergische Tabletten (z. B. Heuschnupfentabletten). **BADEDERMATITIS (ZERKARIEN-DERMATITIS)**

Die Tessiner Kraftwerksgesellschaften – OFIMA/OFIBLE, AET und SES – erlauben das Baden in ihren Stauseen nicht und lehnen jegliche Haftung ab. Sie befürchten, dass Personen unter Wasser gezogen werden könnten, wenn sie in der Nähe des Druckstollens baden, der am Fuss der Staumauer Wasser ansaugt. **STAUSEEN**

SICHERHEIT AN LAND

Mindestens eine halbe Stunde, bevor man sich der Sonne aussetzt, grosszügig Sonnencreme auftragen und über den Mittag in den Schatten gehen. **SONNENBRAND**

Es empfiehlt sich, rutschfeste, stabile Schuhe zu tragen, am besten sogenannte Amphibienschuhe, weil sie auch auf nassem Untergrund griffig bleiben. Achtung bei Felsen, die mit Flechten bewachsen sind. Sie werden sehr glitschig, wenn man mit nassen Füssen oder Schuhen drauftritt. **AUSRUTSCHEN UND STÜRZEN**

| Nette Idee | | Anderen Menschen ein schönes Naturerlebnis schenken, indem man herumliegenden Abfall mitnimmt. Ein Plastiksack im Rucksack ist dafür praktisch. |

Schmalere Pfade zu wenig besuchten Badestellen können von Himbeer- oder Brombeerranken überwachsen sein. Eine Gartenschere im Tagesgepäck ist nützlich, um über den Weg hängende Dornenzweige zurückzustutzen. **KRATZWUNDEN VON DORNEN**

ZECKENSTICHE

Lange Hosen tragen oder über der Sonnencreme noch einen Zeckenspray verwenden. Den Schutz nach dem Baden erneuern. Die Zecken im Tessin übertragen zwar keine Frühsommer-Meningoenzephalitis (FMSE), aber die Lyme-Borreliose, und dagegen gibt es noch keinen Impfschutz. Man sollte sich abends nach Zecken absuchen, besonders die Stellen mit dünner Haut, also Kniekehlen, Leisten und Armbeugen. Falls man gestochen wurde, die Zecke gerade herausziehen und aufbewahren, damit sie nötigenfalls im Labor untersucht werden kann. Beobachten, ob sich an der Einstichstelle in den folgenden Tagen eine ringförmige, sich vergrössernde Rötung bildet. Falls dem so ist, zum Arzt gehen.

MÜCKENSTICHE

Einen Mückenspray mitnehmen. Im Tessin breitet sich die auffällig schwarz-weiss gestreifte Tigermücke aus, die auch am Tag sticht.

SCHLANGENBISSE

Im Tessin leben sieben Schlangenarten, aber Bisse kommen selten vor. Der letzte Todesfall infolge Schlangenbiss liegt über 60 Jahre zurück. In tiefen Lagen trifft man am ehesten auf die Gelbgrüne Zornnatter – sie ist entgegen ihrem Namen schwarz –, die Würfel- und die Ringelnatter. Alle drei sind ungiftig. Die giftige Aspisviper, eine der zwei in der Schweiz lebenden Giftschlangen, kommt im Tessin zwar vor, ist unter 1000 m ü. M. aber selten. Die giftige Kreuzotter wiederum lebt im Tessin nur in Höhen über 1500 m ü. M. Wenn man eine Schlange antrifft, die nicht wegkriecht, sollte man mit einem Abstand von mindestens zwei Metern ruhig an ihr vorbeigehen. Falls man gebissen worden ist, sollte man die betroffene Stelle in Ruhe lassen (nicht aussaugen, abbinden oder Ähnliches) und ins nächstgelegene Spital fahren.

RECHT UND BENIMM

PRIVAT-
GRUNDSTÜCKE

Die meisten Gewässer des Tessins gehören dem Kanton und dürfen von allen Personen benutzt werden. Die Flussufer sind in der Regel frei zugänglich. Die angrenzenden Grundstücke sind aber oft in Privatbesitz. Wenn ein Gelände nicht umzäunt ist, bedeutet das nicht unbedingt, dass Besucherinnen und Besucher sich darauf breitmachen dürfen. Am besten geht man auf den Wegen, die in diesem Buch vorgestellt werden, zügig zum Wasser.

Höflichkeit ist eine Zier Respektvolles, freundliches Verhalten verhindert, dass man zu einem ungeliebten Gast wird.

ABFALL

Es ist Ehrensache, nichts in der Natur zurückzulassen als seine Fussspuren.

FREIES
CAMPIEREN

Auf nationaler Ebene ist es in der Schweiz nicht verboten, ausserhalb von Campingplätzen zu übernachten. Im Tessin gibt es dafür auch kein kantonales Verbot, allerdings verbieten es viele Gemeinden – welche, zeigt die Karte auf www.wohnmobilland-schweiz.ch. Für aktuelle Informationen sollte man bei der betreffenden Gemeinde nachfragen.

Darf man ein Feuer machen?

Infos zur aktuellen Wald-
brandgefahr und zu
Einschränkungen, im Freien
Feuer zu entfachen:
www.waldbrandgefahr.ch,
Tel. +41(0)91 814 28 31

FEUER MACHEN

Je nach aktueller Waldbrandgefahr verhängen die Tessiner Behörden Einschränkungen, wo und wie im Freien Feuer gemacht werden dürfen. Das kann bis zu einem absoluten Feuerverbot gehen (siehe Kasten «Darf man ein Feuer machen?»). Man sollte sich daran halten, denn Waldbrände gefährden Menschenleben und richten grossen Schaden an.

Feuermachen im Freien ist im Tessin häufig verboten: Waldbrand bei Biasca

NACKTBADEN/ FKK

Wer in der Natur die Hüllen fallenlassen möchte, zieht sich am besten an einen einsamen Ort zurück – und schlüpft schnell wieder in die Kleider, wenn andere vorbeikommen. Viele Einheimische, aber auch auswärtige Gäste begegnen ungern fremden nackten Menschen. Auf nationaler Ebene besteht in der Schweiz kein Verbot, im öffentlichen Raum nackt zu sein. Ein Tatbestand des Schweizerischen Strafgesetzbuches ist nur erfüllt, wenn sich eine Person aus sexuellen Beweggründen im öffentlichen Raum vor anderen entblösst. Auf kantonaler Ebene besteht im Tessin ebenfalls kein Verbot öffentlicher Nacktheit, aber einige Gemeinden wie zum Beispiel Terre di Pedemonte und Avegno Gordevio haben für ihr Gebiet ein solches erlassen. Sie haben allerdings nicht an allen Badestellen entsprechende Hinweisschilder aufgestellt.

DROHNEN

In einigen Gebieten des Tessins ist der Betrieb von Drohnen verboten oder eine Bewilligung erforderlich. Infos: www.map.geo.admin.ch > Suchfeld: Einschränkungen für Drohnen

RICHTIG VERKEHRT IM TESSIN

ZUG **Infos und Fahrplan:** www.sbb.ch, Tel. +41 (0)848 44 66 88, Billette über die SBB-Homepage oder -App oder an Automaten an den Bahnhöfen

POSTAUTO/ BUS **Infos und Fahrplan:** siehe oben, Billette sind auch direkt beim Fahrer erhältlich
Buslinien in Italien: siehe Infos in den Wegbeschreibungen der auf italienischem Gebiet liegenden Badeplätze

> **Gratis unterwegs mit dem «Ticino Ticket»**
>
> Bei Übernachtung in einem Hotel, in einer Jugendherberge oder auf einem Camping-platz erhalten die Gäste kostenlos ein Billett für freie Fahrt im Tessin mit dem öffentlichen Verkehr während des ganzen Aufenthalts.
> **Infos:** www.ticino.ch > Suchfeld: Ticino Ticket, Tel. +41 (0)91 825 70 56

AUTO Im Tessin wird das Parkieren auf freien Plätzen üblicherweise toleriert, auch wenn keine Parkplätze markiert sind. Tabu sind Ausweich- und Wendeplätze, wie sie an einspurigen Strassen vorkommen. Die Durchfahrt von Postautos und Bussen darf nicht behindert werden, und die Sicht auf unübersichtliche Strassenstellen darf nicht eingeschränkt werden. Parkplätze, die für die Bewohner eines bestimmten Hauses oder Weilers bestimmt scheinen, sollte man nicht besetzen.
In vielen Tessiner Tälern gibt es allerdings nur wenige Parkplätze, und im Onser-nonetal ist die Talstrasse abschnittweise einspurig, was das Kreuzen nervenaufrei-bend macht. Man erspart sich selbst und den Einheimischen Stress, wenn man in der Sommerferienzeit auf das Auto verzichtet und das Postauto nimmt.
Im Verzascatal braucht man für etliche Parkplätze eine Tagesparkkarte, die «Verza-sca Parkingcard». Sie ist am Infopoint beim Verzasca-Staudamm (siehe S. 86), an Automaten bei den Parkplätzen und in Restaurants erhätlich.

VELO Zum Velofahren sind im Tessin besonders die breiten Täler und die Region Lo-carno attraktiv. In den schmalen Tälern muss man mangels separater Velowege auf der Strasse fahren, und dort herrscht im Sommer meist ein reger Autoverkehr. Die markierten Velorouten sind abrufbar über Schweiz Mobil, www.schweiz-mobil.ch bzw. App SchweizMobil (mit Beschreibungen der Routen), oder Swiss-topo, www.map.geo.admin.ch > Suchfeld: Veloland.
Die touristische Velokarte «Cycling Routes Lago Maggiore» bietet einen Überblick über 20 Velo- und Bikerouten in den Regionen Piano di Magadino, Bassa und Alta Verzasca, Bassa und Alta Vallemaggia, Onsernone und Centovalli. Sie ist bei den Infopoints der Regionen erhältlich (siehe Karten der im Buch vorgestellten Regionen) und als PDF unter www.ascona-locarno.com > Downloads verfügbar.

TRANSPORT IM ÖV Im Zug können Velos in den dafür vorgesehenen Abteilen mit einem Velobillett verladen werden.
Im Postauto/Bus können Velos mit einem Velobillett auf allen Linien im Tessin verladen werden ausser denjenigen auf Stadtgebiet Bellinzona, im Valle di Campo, im Valle di Bosco Gurin und im Val Lavizzara (siehe S. 156).

Aktuelle Infos: www.postauto.ch > Suchfeld: Velotransport, Tel. +41 (0)840 852 852, Reservation nicht möglich, Platzangebot beschränkt

Rentabike: Die Velomietfirma hat 13 Standorte im Tessin und verleiht normale Velos (ab 35 CHF/Tag), E-Bikes, Mountainbikes, E-Mountainbikes, Tandems und Kinderanhänger. Pro Vertrag muss 1 Ausweis vorgelegt werden, Mindestalter für E-Bikes 16 Jahre (bzw. 14 Jahre mit einem Führerausweis der Kategorie M). Vorteile: Reservation möglich (per Internet oder Telefon), Velos können an anderen Stationen als der Ausgabestation zurückgegeben werden. Nachteile: teuer, Rückgabestation muss bei Abholung der Velos festgelegt werden, Velos müssen bis zur Schliesszeit der Station zurückgegeben werden (vielerorts schon um 18 Uhr). Infos: www.rentabike.ch, Tel. +41 (0)41 925 11 70

MIETE

Velospot, Region Locarnese-Bellinzonese: Das automatische Veloverleihsystem hat im Tessin südlich von Bellinzona über 110 Stationen. Die Velos (normale und elektrische) lassen sich mit einem Code, der auf das Smartphone gesendet wird, öffnen. Man bezahlt per Kreditkarte: pro Anzahl Minuten («Tagespass Light», ab 1 CHF/30 min) oder eine Tagespauschale («Tagespass Premium», ab 20 CHF/Tag). Vorteile: günstig, viele Stationen, Rückgabezeit und -ort spontan wählbar. Nachteile: Reservation nicht möglich, Mindestalter für Velobenutzung 16 Jahre, für Kauf eines Tagespasses 18 Jahre, Bezahlung nur mit Kreditkarte, unübersichtliche Website (am besten nur App benutzen). Infos: www.velospot.info / App Velospot, Tel. +41 (0)800 091 000

Publibike, Region Lugano-Malcantone: Das automatische Veloverleihsystem hat in dieser Region 39 Stationen. Die Velos (normal und elektrisch) lassen sich mit der Publibike-App auf dem Smartphone entsperren. Bezahlt wird per Kreditkarte. Das Mindestalter für E-Bikes ist 16 Jahre (bzw. 14 Jahre mit einem Führerausweis der Kategorie M). Vorteile: günstig, viele Stationen, Rückgabezeit und -ort spontan wählbar. Nachteile: Reservation nicht möglich, Velos haben kleine Räder, Bezahlung nur mit Kreditkarte. Infos: www.publibike.ch / App Publibike, Tel. +41 (0)58 453 50 50

Es ist im Tessin nicht verboten, auf Wanderwegen zu biken. Wenn Bikerinnen und Biker aber auf vielbegangenen Wanderwegen unterwegs sind, machen sie sich bei Wanderinnen und Wanderern unbeliebt. Die markierten Mountainbikerouten sind abrufbar über www.schweizmobil.ch bzw. App SchweizMobil (mit Beschreibungen der Routen). Viele Tourenvorschläge findet man auch unter www.ascona-locarno.com > Suchfeld: Mountainbike-Touren.

MOUNTAIN-BIKE

Mountainbike-Transport mit Zug und Postauto/Bus, siehe S. 262, «Transport im ÖV»

TRANSPORT IM ÖV

Siehe oben, «Miete», «Rentabike», und die Velo-/Mountainbike-Verleiher, die bei den Badeplatz-Beschreibungen angegeben werden

MIETE

NÜTZLICHE WÖRTER UND WENDUNGEN

Guten Tag	*Buongiorno*
Hallo	*Ciao*
Entschuldigen Sie / Entschuldige	*Scusi / Scusa*
Ich spreche kein Italienisch.	*Non parlo italiano.*
Sprechen Sie / Sprichst du Deutsch oder Englisch?	*Parla / Parli tedesco o inglese?*
Gibt es hier in der Nähe eine Badestelle?	*Dove si trova il luogo più vicino in cui fare il bagno?*
Wo ist das Badebecken / der Wasserfall?	*Dove si trova il pozzo / la cascata?*
Kann man beim / bei der … zurzeit baden?	*Si può fare il bagno al momento nel / nella …?**
Wo kann ich / können wir ein Eis / Getränke / Bier kaufen?	*Dove posso / possiamo prendere un gelato / qualcosa da bere / una birra?*
Wo finde ich / finden wir ein Restaurant?	*Dove posso / possiamo trovare un ristorante?*
Diese Gegend ist wunderschön.	*Questa zona è bellissima.*
Danke	*Grazie*
Auf Wiedersehen	*Arrivederci*
Tschüss	*Ciao*

* Italienische Nomen sind männlich, was durch den Artikel *il* angezeigt wird (z. B. *il pozzo*), oder weiblich, was mit dem Artikel *la* (z. B. *la cascata*) angezeigt wird.

ORTS- UND GEWÄSSERNAMEN RICHTIG AUSSPRECHEN – UND ALLES ANDERE AUCH

Die meisten italienischen Buchstaben spricht man so aus, wie wenn es sich um ein deutsches Wort handeln würde, ausser die folgenden Kombinationen:

ca, co	*ga, go*	z. B. Biasca («Biasga»), Frasco («Frasgo»)
ci, ce	*tschi, tsche*	z. B. Ticino («Titschino»), Cevio («Tschevio»)
cc (am Wortende)	*tsch*	z. B. Tecc dal Böcc («Tetsch dal Bötsch»)
chi	*gi*	z. B. Chironico («Gironigo»)
gge / ge, ggi / gi	*dsche, dschi*	z. B. Boggera («Bodschera»), Aurigeno («Auridscheno»), Maggia («Madscha»), Giornico («Dschornigo»)
gl	*lj*	z. B. Malvaglia («Malvalja»)
gn	*nj*	z. B. Piumogna («Piumonja»)
sci, sce	*sch, sche*	z. B. Pianascio («Pianascho»), Sceltra («Scheltra»)

HÄUFIGE GEWÄSSERBEZEICHNUNGEN

Wasserfall	*la cascata, le cascate* (Mehrzahl)
Fluss	*il fiume*
Flussmündung	*la focre*
Wasserfall	*la froda* (Dialekt)
Weiher	*il laghetto*
See	*il lago*
langes Flussbecken	*la lanca*
Flussbecken	*il pozzo, la pozza* Dialekt auch: *il pozz, il pozzon, il buzzun* u. Ä.
Bach	*il ri, rii, la rià, riale*
Bergbach	*il torrente*

AUCH GUT ZU WISSEN

Glace, Eis	*il gelato, i gelati* (Mehrzahl)
Schlucht	*la gola, le gole* (Mehrzahl)
Aue	*la golena, le golene* (Mehrzahl)
ein einfaches, traditionelles Gasthaus im Tessin, im Freien oft mit Tischen und Bänken aus Stein	*il grotto*
Strandbad, Badestrand	*il lido*
Schlucht	*l'orrido*
öffentlicher Seezugang	*il passaggio pubblico al lago*
Steg	*la passerella*
Brücke	*il ponte*
Steinbrücke	*il ponte romano*
traditionelles Tessiner Steinhaus	*il rustico, i rustici* (Mehrzahl)
Strand	*la spiaggia*
öffentlicher Strand	*la spiaggia pubblica*
kleiner Strand	*la spiagetta*
Tal	*il val / la valle*

ONLINE

Die in diesem Buch angegebenen Koordinaten (Format WGS84) ins Suchfeld eines Online-Kartendiensts wie Google Maps (mit gleichnamiger App) oder Swisstopo (map.geo.admin.ch oder App Swiss Map) eintippen, und schon wird die Lage des Badeplatzes auf der Karte angezeigt.

GEDRUCKTE
SCHWEIZER
KARTEN

Die neuen Schweizer Koordinaten (Bezugsrahmen LV95) eines Badeplatzes aus der nachfolgenden Liste ablesen bzw. die Koordinaten eines Parkplatzes online umrechnen (siehe Kasten), dann Lage mithilfe der Koordinatenlinien auf der Karte suchen. Dies funktioniert bei allen Karten, die auf dem schweizerischen Bezugssystem basieren: den Schweizer Landeskarten (Swisstopo) und allen in der Schweiz häufig verkauften Wander- und Freizeitkarten.

WGS84-Koordinaten online umrechnen

Die globalen Koordinaten können online in die neuen Schweizer Koordinaten (LV95) umgerechnet werden, zum Beispiel unter www.swisstopo.admin.ch > Karten und Daten online > NAVREF

So wird's gemacht: Der erste Koordinatenwert gibt den Abstand des Badeplatzes in west-östlicher Richtung von einem Nullpunkt an. Der zweite Koordinatenwert gibt den entsprechenden Abstand in süd-nördlicher Richtung an. Die Koordinatenwerte sind Meterangaben, die bei den Koordinatenlinien aber in Kilometer-Blöcken (1000-Meter-Blöcken) vermerkt sind. An den Rändern der Karte sucht man die beiden Koordinatenlinien, deren Werte den Koordinatenwerten des Badeplatzes am nächsten kommen. Ausgehend von ihrem Schnittpunkt schätzt oder misst man die Lage des Badeplatzes nach Osten und Norden.

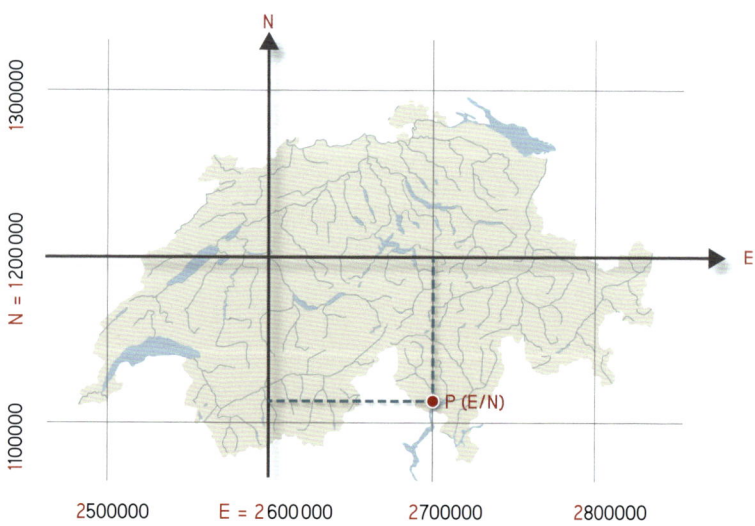

Leventina

1	2 695 919 / 1 156 214
2	2 698 417 / 1 148 464
3	2 701 408 / 1 149 729
4	2 704 202 / 1 148 181
5	2 708 640 / 1 140 855
6	2 709 062 / 1 142 074
7	2 719 087 / 1 138 567
8	2 717 935 / 1 142 808
9	2 718 056 / 1 143 322

Riviera

10	2 718 377 / 1 134 659
11	2 717 579 / 1 132 014
12	2 719 370 / 1 130 312
13	2 719 946 / 1 128 932
14	2 718 524 / 1 128 843
15	2 719 785 / 1 125 006
16	2 721 242 / 1 125 403
17	2 721 400 / 1 125 297
18	2 722 990 / 1 121 622
19	2 723 861 / 1 119 968

Moesano

20	2 735 710 / 1 145 782
21	2 735 611 / 1 143 520
22	2 738 111 / 1 140 938
23	2 735 700 / 1 131 926
24	2 734 127 / 1 127 894
25	2 732 560 / 1 122 745
26	2 730 501 / 1 121 229
27	2 729 834 / 1 137 565
28	2 730 298 / 1 140 362

Piano di Magadino

29	2 723 532 / 1 119 797
30	2 723 408 / 1 119 342
31	2 723 019 / 1 118 786
32	2 718 867 / 1 116 963
33	2 716 285 / 1 114 972
34	2 714 214 / 1 115 157
35	2 714 042 / 1 116 103

Bassa Verzasca

36	2 708 391 / 1 121 997
37	2 708 449 / 1 122 123
38	2 708 440 / 1 122 862
39	2 700 330 / 1 123 170
40	2 708 273 / 1 123 375
41	2 707 952 / 1 123 876
42	2 707 747 / 1 124 135
43	2 706 906 / 1 124 438
44	2 706 906 / 1 124 438

Alta Verzasca

45	2 704 520 / 1 127 794
46	2 702 153 / 1 128 784
47	2 701 877 / 1 128 975
48	2 70 0742 / 1 129 434
49	2 705 333 / 1 130 187
50	2 705 205 / 1 131 884
51	2 705 292 / 1 132 739

Bassa Vallemaggia

52	2 701 970 / 1 115 129
53	2 70 1205 / 1 115 771
54	2 701 296 / 1 115 829
55	2 701 741 / 1 115 961
56	2 701 525 / 1 116 581
57	2 701 418 / 1 119 894
58	2 700 824 / 1 120 558
59	2 698 983 / 1 120 199
60	2 697 936 / 1 120 824
61	2 697 553 / 1 122 150
62	2 697 795 / 1 122 984
63	2 695 553 / 1 124 070
64	2 695 997 / 1 125 487
65	2 692 554 / 1 127 763
66	2 690 103 / 1 129 861
67	2 690 395 / 1 132 282
68	2 690 472 / 1 133 613

Alta Vallemaggia

69	2 687 816 / 1 134 544
70	2 687 723 / 1 134 819
71	2 68 6487 / 1 135 770
72	2 692 222 / 1 134 430
73	2 692 836 / 1 134 921
74	2 694 488 / 1 137 385
75	2 694 404 / 1 138 198
76	2 695 366 / 1 138 416
77	2 692 458 / 1 140 436

Onsernone

78	2 695 453 / 1 117 037
79	2 694 771 / 1 117 699
80	2 694 784 / 1 118 053
81	2 691 943 / 1 117 103
82	2 690 205 / 1 120 051
83	2 688 903 / 1 120 514
84	2 685 878 / 1 119 380
85	2 690 595 / 1 117 172
86	2 688 662 / 1 117 506
87	2 686 732 / 1 116 653
88	2 685 313 / 1 116 746

Centovalli

89	2 697 861 / 1 115 081
90	2 697 198 / 1 115 049
91	2 696 683 / 1 114 860
92	2 697 889 / 1 114 868
93	2 696 673 / 1 114 219
94	2 690 279 / 1 111 986
95	2 681 542 / 1 108 734

Lago Maggiore

96	2 709 213 / 1 115 501
97	2 705 442 / 1 112 699
98	2 703 854 / 1 111 408
99	2 703 540 / 1 111 581
100	2 708 183 / 1 111 179
101	2 708 185 / 1 111 191
102	2 708 471 / 1 111 065
103	2 705 104 / 1 109 692
104	2 703 946 / 1 108 883
105	2 703 877 / 1 108 657
106	2 700 109 / 1 099 704

Sottoceneri

107	2 710 724 / 1 098 030
108	2 705 957 / 1 096 664
109	2 712 716 / 1 092 324
110	2 713 339 / 1 094 472
111	2 713 600 / 1 090 238
112	2 713 523 / 1 090 072
113	2 724 681 / 1 099 271
114	2 725 806 / 1 099 956
115	2 730 130 / 1 100 423
116	2 730 437 / 1 099 155
117	2 733 806 / 1 100 236
118	2 722 295 / 1 079 570
119	2 722 461 / 1 079 948
120	2 722 615 / 1 079 986

In den folgenden empfehlenswerten Büchern finden sich Hinweise auf weitere schöne, eher abgelegene Becken:

Canyoning-Touren der Schweiz
2001, Andreas Brunner und Fréderic Bétrisey
Bern: SAC-Verlag

ISBN 978-3-859-02195-2

Canyoning-Touren der Schweiz 2
2010, Franz Baumgartner, Andreas Brunner und Daniel Zimmermann
Frutigen: Eigenverlag

ISBN 978-3-033-02469-4

Eldorado Ticino: The Best Collection of Canyons in South Switzerland
2010, Anna Nizzola und Luca Nizzola
Agarone: SwissCanyon

ISBN 978-8-890-50177-7

Das vorliegende Buch ist auch auf Italienisch, Französisch und Englisch verfügbar:

Un tuffo in Ticino
Fiumi, cascate e laghi
dove fare il bagno e
rinfrescarsi

ISBN 978-88-7713-871-2

Au fil de l'eau – Tessin
Lacs, rivières et cascades:
les plus belles baignades
insolites

ISBN 978-3-907267-01-1

Natural escapes – Ticino
Spectacular swimming
spots on waterfalls, rivers
and lakes

ISBN 978-3-907267-02-8

Christoph (Chrigu) Hurni, geboren 1975, ist hauptberuflich Fahrdienstleiter bei der BLS-Lötschbergbahn und regelt in dieser Funktion den Zugverkehr in der Region Bern. Er lebt in Bern. In seiner Freizeit reist er leidenschaftlich gern mit Zug, Bus, Kursschiffen und Gummiboot durch die Schweiz und hält seine Entdeckungen mit der Kamera fest. Bei garstigem Wetter schrammelt er auf seiner akustischen Gitarre, spielt Klavier oder besucht Rockkonzerte.

Für den eingefleischten Berner ist der Kanton Bern schlicht die schönste Gegend der Welt. Seit er aber von Iwona Eberle immer wieder in die wilden Stein- und Wasserwelten der Tessiner Schluchten gelockt wurde, ist diese Gewissheit ins Wanken geraten. Die steilen Maultierpfade, die rundgeschliffenen Felsen und die alten Steinhäuser haben es ihm angetan. Besonders sein Lieblingstal, das Valle Onsernone, lässt ihn nicht mehr los. Auf einem Felsbrocken im Fluss Isorno liess er sich schon zur Aussage hinreissen, hier sei es auch wunderschön.

Instagram: hurnichristoph
Flickr: Hurni Christoph, www.flickr.com/photos/40826712@N00
E-Mail: chrigu.hurni@bluemail.ch

Iwona Eberle, geboren 1974, ist freie Texterin, Redaktorin, Lektorin und Journa-listin in Zürich.
Sie studierte Anglistik und Germanistik an den Universitäten Zürich, Cambridge und München. Anschliessend war sie als Redaktorin bei der «Zürichsee-Zeitung» und beim Sauerländer Verlag tätig. 2009 machte sie sich selbstständig. Im Sommer ist sie besonders gerne am, im oder auf dem Wasser, im Winter tanzt sie West Coast Swing und Bal Folk.

Das Tessin liebt sie, seit sie dort als Kind Marroni sammelte. Es sollte aber noch Jahre dauern, bis sie auf einer Canyoning-Tour feststellte, dass es dort auch wunderschöne verborgene Wasserfälle und Badebecken gibt. Ihre Neugier war geweckt. Sie begann eine schweisstreibende und Muskelkater verursachende Erkundungstour durch den ganzen Kanton. Sie dauerte weit länger als zu Beginn gedacht, denn das Tessin hat eine verblüffende Fülle an atemberaubenden Wasserwundern zu bieten. Deren Schönheiten hielten die Autorin bei Laune und bei der Stange. Wenn sie bei 35 Grad schwitzend und von Dornen zerkratzt mit Fotograf und Fotostatisten auf den Abschleppdienst wartete, weil ihr Auto oder – wie böse Zungen behaupten – ihre Fahrkünste der Tessiner Topografie mal wieder nicht gewachsen waren, so machte das nächste türkise Becken im Sprühnebel eines rauschenden Wasserfalls alles wieder gut.

www.iwonaeberle.ch

Iwona Eberle und Christoph Hurni

Wild und frisch – Tessin:

Die schönsten Badeplätze an Seen,

Flüssen und Wasserfällen

© 2020, Salamander Verlag in der Eberle Media GmbH,

Weinbergstrasse 133, 8006 Zürich

3., korrigierte und aktualisierte Auflage, 2022

ISBN 978-3-907267-00-4

Alle Rechte vorbehalten

Idee, Konzept, Recherche, Text und Angaben Karten:
Iwona Eberle, Zürich

Recherche und Fotos:
Christoph Hurni, Bern, ausser die im Bildnachweis
aufgeführten Fotos

**Gestaltung Umschlag, Inhalt und Karten, Satz und
Bildbearbeitung:**
PRÆGEWERK BERLIN, J. Elsner & F. Fischer GbR

Lektorat: Andreas Minder, Bern

Korrektorat: Stefan Zach, Langenthal

Druck und Bindearbeiten: Salvioni, Bellinzona

RECHTLICHE HINWEISE:

UMSCHLAGMOTIVE:

Vorderseite: Cascata di Mondada (siehe S. 159, 69)

Rückseite: *links* Cascata del Salto (siehe S. 143, 62),

rechts oben Pozzo della Misura (siehe S. 93, 38),

rechts unten Moleno (siehe S. 47, 15)

Gefällt Ihnen dieses Buch?

Verlag, Autorin und Fotograf freuen sich,
wenn du es im Internet und im Freundeskreis
weiterempfiehlst.

Möchtest du der Autorin eine persönliche
Rückmeldung geben, hast du Fehler entdeckt
oder möchtest du Aktualisierungen anregen?
Schreibe in diesem Fall an:

info@iwonaeberle.ch

Um von Neuerscheinungen des Salamander
Verlags zu erfahren, trage dich für unseren
Newsletter ein:

www.salamanderverlag.ch

BILDNACHWEIS:

Iwona Eberle: vordere Umschlagseite, S. 5 / l., S. 6 / u.,
S. 9 / o., S. 13 / 4, 6, 7, S. 31 / 18, S. 33, S. 38, S. 39 / o., S. 52f.,
S. 68, S. 73 / 31, 32, 34, 35, S. 83, S. 87 / 39, S. 91, S. 107 / 48,
50, S. 118, S. 123 / 52, 53, 58, 59, 62, 65, S. 139, S. 140 / u.,
S. 148, S. 150, S. 157 / 69, S. 170, S. 175 / 82, S. 195 / 92,
S. 202f., S. 219, S. 229 / 115, 118, 120, S. 233, S. 235, S. 238,
S. 240, S. 241 / u., S. 243, S. 245 / o., S. 250f., S. 253

Ascona-Locarno Turismo: S. 107 / 45, S. 109; Bundesamt für
Landestopografie (Swisstopo), bearb. v. PRÆGEWERK BER-
LIN: S. 266; Comune Terre di Pedemonte / Mattia Mazzier:
S. 128; Pascal Meier: S. 79; Andreas Minder: S. 5 / r., S. 73 / 33,
S. 80f., S. 195 / 90, S. 198; Laura Ponti: S. 252; André Renold:
S. 99; Reto Schlatter: S. 270f.

QR-Codes: www.qrcode-monkey.com, bearbeitet von
t8 werbeagentur GmbH

MIX
Papier aus verantwor-
tungsvollen Quellen
FSC® C041488
www.fsc.org

Die Schweizerische Nationalbibliothek verzeichnet diese
Publikation in der Schweizerischen Nationalbibliografie.
Detaillierte bibliografische Daten sind im Internet über
www.helveticat.ch abrufbar.